JN030006

夫婦をやめたい

離婚する妻、離婚はしない妻

Kazuyuki Minami
南 和行

集英社

はじめに

夫婦仲がうまくいかないとか、自分の人生は「こんなはずじゃなかった」とか、「なぜ私はこの人（夫）のために面倒くさいことや苦労をしているのだろう」と気づいてしまったとか、そんなときに思い浮かぶ「離婚」という言葉。

言葉は思い浮かぶのだけれど、それじゃ離婚って実際にどうすればできるのだろう、離婚届に夫がサインしてくれなかったらどうしたらいいのだろう、そして、離婚したら私の生活は具体的に何が変わるのだろう……。

いわば人生の切り札として「離婚」という言葉は知っているのに、使い方や使いどころがわからない、そんな人がたくさんいます。

僕は10年以上、弁護士をしてきましたが、「離婚したい」と相談にいらした人に、離婚について法律の仕組みの説明をすると、「ええっ？　そうなんですか？　知らなかった」という反応をする人がほとんどでした。

「離婚ってどうするのか」を知らなかったがために、ここぞというときに決断をし損ねたり、自分や相手を必要以上に傷つけたり、時間やお金を無駄にしてしまったり……。「下手な離婚」を招いてしまうのです。

この本は「離婚の実際」を知ってもらうために、弁護士としての経験と体験をもとに書いた本です。でも、弁護士には、守秘義務があるので本当の依頼者のことは書けません。だからこの本に出てくる物語はすべてフィクションです。19人の女性を主人公とする離婚の物語は、どれも現実の話ではなく、登場人物のモデルも存在しません。

それぞれの夫婦の経緯と状況、事情と感情などを想定し、法律的観点のアドバイスをもとに、離婚に至る（あるいは至らない）までの流れを物語の形で提示しています。

日常生活で「離婚」という言葉が思い浮かび、いくつかの選択肢と損得勘定を見定めて、最後に決断するのは自分自身。

今、悩んでいらっしゃる方の参考になればと、法律家としてできるアドバイスを弁護士との対話形式、弁護士からのメッセージとして書いています。

集英社のウェブサイト「よみタイ」連載中は、「離婚さんいらっしゃい」という大阪人の僕らしい関西風味のタイトルでしたが、単行本化にあたり『夫婦をやめたい　離婚する妻、離婚はしない妻』という少し刺激的なタイトルにしました。

この本が離婚をめぐる知識の参考となって、「うまく続ける結婚」と「上手にできる離婚」のガイドブックになれば嬉しいです。

南和行

夫婦をやめたい　離婚する妻、離婚はしない妻　目次

ケース1 家の表札が、夫の名字なのが許せない

サジ子の問題

私立大学事務職員の45歳。2歳上で中規模商社勤務の夫、11歳と9歳の娘との4人家族。結婚後に、子供がいないサジ子の母方の伯母の養子に入る。伯母が他界後、東京23区内の土地と建物を相続し、古い家は壊し、夫婦の家を夫婦共同名義のローンを組んで新築した。新居に住み始めてしばらくした頃、夫の浮気が発覚し家庭内別居となる。

サジ子は45歳、夫は47歳。子供は娘が2人いる。長女は11歳で小学5年生、次女は9歳で小学3年生。自宅は夫婦で建てた、文京区白山（はくさん）の一戸建てだ。

サジ子は都内の私立大学の事務職員。夫は都内の食品関係の中規模商社の経理部員で、正直なところエリートではない。自宅がある場所は、もともとはサジ子の母の実家だった。母はこの土地で生まれ育ち、結婚してからは夫、つまりサジ子の父の地元である神奈川の藤沢に移り住んだ。だからサジ子も藤沢育ちだ。この文京区の白山は、サジ子にとって「お祖母（ばあ）ちゃんと伯母さんの家」があるところだった。

母はふたり姉妹の妹で、祖父はサジ子の母が高校生の頃に病気で亡くなった。祖母は祖父が

遺したこの家で、姉妹ふたりを育て上げた。ただサジ子の伯母である母の姉は、生涯独身で、祖母が亡くなったあとも、白山の家でひとり暮らしをしていた。

その伯母に癌が見つかったのは70歳になる少し前だった。ちょうどサジ子は結婚したばかりで、子供はおらず、夫と都内の賃貸マンションで暮らしていた。

抗がん剤治療のための入院を控えた伯母を励まそうと、週末にサジ子が白山の家に顔を出したとき、伯母に養子に入ってほしいと頼まれた。祖母が亡くなったときに伯母と母の話し合いで、白山の土地と家は伯母の名義にしたが、そのときから伯母は、その次はサジ子に継いでほしいと思っていたという。

サジ子は、伯母の養子になることなど全く考えたことがなかったので驚いた。ただ、現実に癌を患った伯母が自分の亡くなったあとを考える心境になっていることも理解できた。

サジ子はとりあえず、夫と母と弟に相談をした。

夫は「名字はどうなるの？」と聞いてきた。ネットで調べた限り、夫婦同氏が養子よりも優先するということだった。それを説明すると夫は「養子になってあげたら」と了解してくれた。母は前にも伯母から相談されていたということで、サジ子さえ嫌でなければ伯母の安心のために養子になってあげてほしいと言った。弟は、「その代わり俺は藤沢の実家を継ぐから」ということだった。そしてサジ子は、伯母と養子縁組をした。

サジ子と養子縁組をして安心したのか、抗がん剤の治療もあまり功を奏さず伯母はどんどん弱っていき、養子縁組をして1年くらいで亡くなった。

サジ子も養子縁組をした以上はと、「娘」として病院への見舞いをはじめ、そのほかもろもろ伯母の世話をした。これが2年、3年と続いていたら、実の親ではない難しさが感情的なしこりとなっていたかもしれない。だが、1年ほどだったから、「できることはした」と納得できた。

そして白山の家と土地はサジ子が相続した。家は、伯母と母が子供の頃から建つ古いものだった。ちょうど長女の妊娠がわかり、自分の家をというタイミングだったので、サジ子は白山の家を壊して建て替えることにした。土地はそれほど広くはないが、3階建てなら十分な部屋数を確保できた。子供が将来2人になることを想定した家族の家を建てた。

建築資金は夫とふたりでローンを組み、完成した家も夫との共有名義にした。伯母から相続した預貯金を建築費に充てることもできたが、それをするとお金を出したサジ子名義の建物になる、と工務店に言われたため、伯母から相続した財産には手をつけずに夫婦でローンを組んだ。

養子に入るときに名字が変わることを気にした夫に、サジ子は気を遣ったのだ。夫婦共有名義は夫を立てた結果だった。長女が生まれてすぐ家は完成し、その2年後には次女も生まれて、サジ子と夫と娘ふたり、4人家族で自分たちの一軒家に暮らしている。

「文京区で新築一戸建てなんて、いいなぁ」と職場の同僚にはよく言われる。

サジ子の場合は、ローンの返済額も建物の建築資金だけなので、東京の三多摩あたりでファミリータイプのマンションを新築で買うのとほとんど変わらない金額だった。とはいえ、他人からの羨望は嬉しい。

だが、「白山で一戸建てなんて、旦那さん、すごいエリートかボンボンなの!?」と言われるのは気に入らない。

たしかにこの白山の土地は、サジ子に「転がり込んだ」ものかもしれない。でもこの土地は伯母から託されたものであり、母もそこで生まれ育ったサジ子自身のルーツでもある。若くして夫を失った祖母が、娘ふたりを育てながら守った土地だ。

「サジ子の家」なのに、表札には夫の名字が書かれていることにわだかまりを感じるというのがサジ子の本音だった。


サジ子の心が落ち着きを見せない日々のなか、夫の浮気が発覚した。

秋の連休を挟んで夫が東北方面の出張に行った。夫の会社は食品関係の商社で、営業の社員が全国の名産を買い付けるため現地に出張することは、サジ子も夫から聞いていた。経理部の社員である夫が出張に行くのは、少しおかしいように感じたが、「まぁ、何か用事があるのだろう」くらいにサジ子は思っていた。

ところがそれは出張ではなく、よくある浮気旅行だったのだ。

翌月の夫の給与明細に「有休消化2」と記載されていたことをサジ子が問い詰めると、夫から「ごめん」と白状された。派遣社員の女性に淡い恋心を抱き、彼女の派遣期間切れに合わせて思い切って旅行に誘ったら、一緒に来てくれた。旅行先では肉体関係を持ったが、そのとき限りで、お互い既婚者のダブル不倫だから今は連絡も取っていない、ということだった。

どこにそんなお金があったのかと聞くと、「住宅ローンの返金を使った」と夫は言った。

「あぁ！」とサジ子は思い当たった。

その年の初め、住宅ローンのサジ子の負担分だけ、伯母から相続した預貯金から前倒しで全額返済をしたが、計算を間違えて30万円多く銀行に振り込んでしまった。銀行から返金処理をしたいと言われたため、夫名義のローンに充当するよう依頼してみたが、銀行の取扱いとして、横滑りで夫名義のローンに充当することはできないとのことだった。仕方なく、サジ子は自分の口座に返金された30万円を、自分で夫のローン返済口座に送金した。夫はそのサジ子からの送金を、浮気旅行の軍資金にしたのだ。

夫にも自分の給料の中で、ある程度の「自由に使える」お金はあったはずだ。だが、自分のお金は「取っておきたい」と思ったのだろう。

「セコい」という言葉しか思い浮かばなかった。

サジ子がローン返済のために送金したお金を、浮気旅行に使ったことがセコかった。自分のお金は一切使わず、送金された30万円以内で収めたというのもセコかった。派遣社員に恋心を抱き、派遣期間切れのタイミングで声をかけたというのもセコかった。連休を挟んでできるだけ有休を使わないのもセコかった。旅行のあとは疎遠になったというが、それが「浮気は金がかかる」と知ったゆえの結果であれば、なおさらセコい話だと思った。

サジ子はどちらかといえばケチなほうだが、セコいことは嫌いだった。だから、使わず取っておいた伯母から相続した預貯金から、金利やあれこれ考えてエイヤッと、前倒しのローン返済もした。

テーブルを挟んで見る、浮気旅行がバレたことにすら「てへっ、見つかっちゃった」とでも思っていそうな、形ばかり申し訳なさげを装う上目遣いの夫の顔にイライラした。

夫婦の寝室は3階建ての1階。少し広めの部屋だった。次女が生まれてからはセックスレスだったが、それでもシングルベッドを2台並べて、寝返りで身体が触れることも「嫌だ」とは思わない程度には愛情もあった。

だがもう一緒の寝室で寝るのは無理だった。

夜寝ているとき、このセコい男の身体が寝返りを打って、自分の身体に触れるかもしれないと思うと吐きそうだった。

娘たちはまだ小さいため、3階にある2つの子供部屋の、ひとつの部屋をふたりで使っていた。

サジ子は、その日の夜から、3階のまだ使っていないほうの部屋にマットレスと掛け布団を持ち込み、家庭内別居を始めた。

サジ子と弁護士の会話

弁護士「サジ子さんは、離婚したいということですね？」

サジ子「はい。夫の不貞行為があれば離婚できると聞いたので」

弁護士「たしかに、今回は夫さんの不貞行為は明白なので、裁判でも離婚が認められる可能性もありますが、『こじれて裁判になっても、離婚になるんだから』と先に提示して協議離婚、離婚届での離婚を要求してもいいでしょう。ですが……」

サジ子「ですが……？」

弁護士「ここまで聞いたところ、夫さんがご自宅について財産分与を強く主張された場合、けっこうな額を現金で渡さないといけないかもしれません」

サジ子「え？　私の家ですよ？」

弁護士「もちろん、経緯としてはサジ子さんの家と思う気持ちはわかりますが、少なくとも建物の部分は、夫婦の共有財産ですから」

サジ子「夫が浮気をしたのに、財産分与なんですか？」

弁護士「浮気は慰謝料をどうするかという話で、財産分与は離婚するときの原則の話です」

サジ子「慰謝料分を財産分与でチャラにはできませんか？」

弁護士「慰謝料をどのくらいと見積もるかによりますが、不貞行為が1回あったというだけでは、離婚になったとしても、そんなに高い慰謝料は見込めないと思いますね」

サジ子「でも、家はまだローンがあって、ローンのことを考えたら家の価値なんて」

弁護士「ローンについても、サジ子さんの部分は完済になっていて夫さんの部分も順調に返済しているので、建物部分だけといってもローン残高が建物の価値を上回っているとは言えないでしょう」

サジ子「いったい、いくらくらい……」

弁護士「建物の市場価格からローンの残金を差し引いて、その半分が財産分与で、夫さんに渡す額となりますが……」

サジ子「なりますが？」

弁護士「土地はサジ子さんの単独名義だし、夫婦共有財産じゃありません。サジ子さんは、離婚したら娘さんふたりとこのままここで暮らすつもりですよね？」

サジ子「もちろんです！」

弁護士「そうなると今、夫さんが返済しているローンも、サジ子さんが返済していかなきゃいけないですよね」
サジ子「え？」
弁護士「財産分与は、家の全体の価値からローンの残額を差し引いた部分について、その価額の半分をサジ子さんが夫さんに支払うというものですよね」
サジ子「はい」
弁護士「でも、それだと夫さんのローンの残債は減りますが、ゼロまでにはならないですよね」
サジ子「あ……ホントだ」
弁護士「理屈では、ローンは夫さんと銀行の間の契約なので、銀行からしたらその返済の義務は夫さんだけなんですが、家の名義の夫さんの持ち分を財産分与でサジ子さんに渡そうとしたら、銀行は当然、『ローンの名義もサジ子さんに切り替えろ』と言ってくるでしょうね」
サジ子「私は不倫されたから離婚するのに、財産分与で夫にお金を渡して、しかもローンの返済もさせられるなんて……」
弁護士「いやぁ、言い方が適切ではないかもしれませんが、サジ子さんはローンの名義を引き取れる経済力があるから、家を自分のものにできるんですよ。サジ子さん自身にも仕事があって、しかも土地がサジ子さんだけの名義だから、銀行も『ローンの名義を切り替えろ』と言えるし、サジ子さんもローンを引き受けることができる」
サジ子「そうでなければ、結局離婚すると同時に、家を売るなりして手放すしかないんですね。理屈はわかりますよ。でも、それしかないんですか？」

弁護士「理屈の部分は別として、話し合いとして、夫さんに慰謝料は請求しないし、ローンはサジ子さんが引き受けるから、夫さんの家の持ち分をタダで譲ってくれと、お願いしていくとか」

サジ子「理屈と違うことを求めるから、こっちが頭を下げることになるのですね……」

弁護士「ここは夫さんが理屈ではなく情で譲るべき場面と、私は個人的に思いますが。夫さんには失礼な言い方かもしれないけれど、新婚すぐで東京都内で高いローンも組まずに新築の一戸建てに住めたのは誰のおかげかと。サジ子さんが伯母さんの養子になるという、宝くじに当たったみたいな話があったおかげですから」

サジ子「夫に情があるかわからないですが、弱気な人なので私が強く言ったら、私の希望が通るとは思うのですが、何せ、夫はセコいんで……」

サジ子は、寝室を別にして1か月後、夫に離婚を切り出してみた。

最初は家庭内別居が3か月くらいになったら、と思っていたのだが、サジ子自身が3か月も待てなかった。1日でも早く夫に出て行ってもらいたい気持ちになった。

それは浮気したことへの嫌悪感だけではなかった。

弁護士への相談で言われた、この家が半分は夫のものであること、それがサジ子を苛立たせた。ここはサジ子の母が生まれ育った場所であり、サジ子が、祖母、そして伯母から受け継いだ土地だ。たしかに家の建て替えをしたが、ここは自分の家だとサジ子は思っていた。

家庭内別居が始まってから、サジ子は自分が帰宅するたび、玄関の表札の名字に苛立ちを募らせた。ここはずっと私の母の実家の名字が、つまりサジ子の母の旧姓が書いてあったのではないか。ところがいつの間にか、この場所に建つ家の玄関の表札には、母の旧姓でもなく、サジ子の旧姓でもなく、この場所に縁もゆかりもない夫の名前が書いてある。とにかく夫にこの家から出て行ってもらいたかった。

　サジ子は、夫に「離婚したいから出て行ってもらいたい」と言った。

　サジ子がそう伝えたとき、夫は「しばらく考えて返事をする」とだけ言った。サジ子としては、夫に考える時間を与えたくなかった。夫も恐らくひとりで考えず、弁護士なり専門家に相談に行くだろう。そうしたらサジ子が弁護士に言われたアドバイスと同じように、この家は夫婦共有財産であり、半分は夫に権利があると吹き込まれるだろう。

　サジ子としては、この場で離婚届にサインをさせて、夫にまずは家から出て行くことを納得させたかった。夫には浮気をした「罪」がある。サジ子が離婚したいと言ったことには、抗(あらが)えないはずだ。夫だって家庭内別居のままに、歳を取るまでサジ子と一緒に暮らすなんてうんざりだろう。

　ところがその10日後に夫から言われた答えは、「離婚はしない」だった。

　2階のダイニングで、夫から「離婚はしない」と言われたとき、サジ子は湯飲みのお茶を思わず夫に浴びせそうになった。でもぐっとこらえて、湯飲みごとキッチンのシンクに投げつけた。湯飲みは割れた。

　夫も弁護士に相談に行き、弁護士からは「不貞行為は裁判離婚の理由として法律に書かれているが、それは話し合いの離婚が成立しない場合に、調停と訴訟を経てのことだから、まずは話し合いをするように」と言われたそうだ。夫が相談した弁護士は、要するに夫が離婚を拒否しさえすれば、離婚のためにはサジ子のほうが手間と時間がかかると言ったのだろう。サジ子は、怒りを抑えながら、深呼吸をして夫に言った。

「でも、私はこの家であなたと暮らしたくない。この家から出て行ってほしい」。そう、ここはサジ子の家なのだ。それを言いたかった。なのに夫は、「でも、この家の名義の半分は僕だから」と答えた。

　サジ子はもう深呼吸もできないほど、喉の奥が詰まってしまった。

「土地は全部、私の名義でしょう」「そもそも私たちの少ない稼ぎで、ここに新築の一戸建てを建てられたのは、誰のおかげだと思っているの！」

　サジ子は言いたかったが言えなかった。言おうとしたときに、玄関の表札、夫の名字の表札が頭をかすめ、「ここは私の家なのよ！」と言う勢いを削がれた。

　サジ子は、このタイミングでは夫に対して離婚の話をこれ以上する気持ちになれなかった。相談した弁護士ですら、サジ子に必ずしも有利なことは言わなかった。ここでいくら話し合いをしても、サジ子が譲歩させられるだけのことだ。

　かくしてサジ子の寝室が3階、夫の寝室は1階となり、サジ子は夫の分の家事はしない、ますます完璧な家庭内別居となっていった。食事も、夫はいつの間にか毎日外で食べるか、買ってきたものを1階の寝室で食べるようになった。週末だけは子供の手前、家族4人で食事をしたり出かけたりはした。サジ子の気持ちとしては、夫は「1階に勝手に暮らしている居候（いそうろう）」だった。

そんな家庭内別居が半年くらい続いたところで、夫の札幌への転勤が決まった。もともと大きな会社ではないため、本社経理部の夫が地方の支店に異動するというのはイレギュラーなことで、恐らく夫から異動の希望を出したのだろう。サジ子の気分は、「とっとと出て行け」だった。

夫は自分で荷物をまとめて、転勤先に単身赴任の形で出て行った。

夫の引っ越しの日、子供たちはふたりとも大泣きした。普通の単身赴任なら、子供はここまで泣かないだろう。夫がこの家に戻ることはもうないと、この家に家族4人で暮らすことはもうないと、子供も感じていたのだろう。娘ふたりは夫のことが好きだった。

娘ふたりだけで旅行できる年齢であれば、自由に遊びに行かせてやれたのにと、サジ子は子供たちに悪いことをしたとは思った。しかし、サジ子が夫の単身赴任先に子供を連れて遊びに行くという選択肢はなかったし、盆暮れ正月といえども、この家にはもう夫の居場所を作る気持ちになれなかった。

こうしてサジ子と夫は、離婚しないまま、文字通りの仮面夫婦となった。

ときどき夫からは、子供の様子を尋ねるＬＩＮＥが来る。それについてはサジ子も返信をしたし、子供たちからせがまれれば、夫に電話をしたりＬＩＮＥのビデオ通話をつないだりはする。しかし子供のこと以外に夫婦として連絡しなければならない事務的な用件というのも、ほとんどない。

夫が単身赴任で家を出たあと、サジ子は幾度となく発作的に家の玄関の表札を書き換えたくなった。だってここは夫の家ではないのだから。サジ子の家なのだ。しかし、それはできなかった。書き換えるとしたら、サジ子の母の旧姓、つまりサジ子の祖母や伯母の名字となる。だが、今実際にこの家で暮らしている、サジ子と子供たちの名字は表札通り夫の名字なのだ。伯母の養子に入るときに、夫に「夫婦で伯母の名字になろう」と言わなかったことを後悔した。家を建てるとき、夫の「男のメンツ」に気を遣い、夫婦共有名義にしたことも悔やまれた。でも、きっとあのとき、伯母の名字にすると言ったり、家をサジ子だけの名義にすると言ったりしていたら、夫婦の関係はもっと早く冷え込んでいただろう。

サジ子は、夫がローンの完済をしたときこそ、あらためて離婚の話をしようと思った。そして、夫に家の持ち分を手放させるために、離婚の財産分与として夫に渡すお金は、今から自分で貯金することにした。お金に名前は書いていないが、伯母から相続したお金から、夫への支払いをする気にはなれなかった。これは自分が伯母の名字にならず、家の名義を共同名義にしてしまったことの後悔を昇華させるための貯金だと思った。

ケース2 夫が勝手に解約して消えた、社内預金の行方

チキ子の問題

短大卒業後、信用金庫に5年勤め、同期で2歳上の夫と結婚。第一子出産を機に信用金庫を退職。デキる主婦だった実母を見習い、1男2女を出産後は節約に努める。パート勤めも始め、生活費には自らの独身時代の貯金を取り崩すこともあった。そんなある日、順調に貯まっているはずの夫名義の社内預金と生命保険を夫が勝手に解約していたことが発覚する。

「特にこだわりがないなら、就職先は金融か生保がいいと思うわ」

これはデキる主婦としての母からのアドバイスだった。

母は短大を出て生命保険会社に就職し、同じ会社で出会った父と結婚し、その後は専業主婦になった。その分、父はバリバリ働いた。

母もただのんびりと専業主婦をしていたわけではない。毎日、父と子供たちの弁当を作り、

空いた昼間の時間はスーパーのレジ打ちのパートに出て、外食はあまりせず、できるだけ家でおいしい食事を作り、服や自転車は子供同士で使い回しさせた。子供は兄とチキ子と弟との3人で、女の子はチキ子だけだった。それでもチキ子の自転車は兄のお下がりだったし、冬のセーターやベストは弟と共用だった。

父の給料が安かったというわけではない。父が地方の支社長として単身赴任をしていたときは、いろいろな手当が付いて給料もかなり高かったと母は言う。それでも母がスーパーのレジ打ちのパートに出たのは、「お母さんの財布から、日常の買い物の費用を全部出すようにするため」だった。

母は父の給料を日常の生活には使わず、住宅ローンや生命保険、子供の学費の引き落とし、定期預金への振り替えに回していた。

子供の頃のチキ子はそんな仕組みを知るよしもなかったが、今振り返るとたしかに母はいろいろと工夫をしていたと思う。

両親は23区内ではないが都心にアクセスしやすい東京都内で、それなりに広い家を建てた。おかげで、チキ子と兄と弟の3人はそれぞれに自分の部屋がある良い環境で育つことができた。

母が近所のスーパーでレジ打ちをしているのは、友達同士の間では少し気恥ずかしかった。だが、母が夕方には家に帰ってきて、毎日のようにあれこれとおいしい手料理を作ってくれたおかげでチキ子は外食への「憧れ」は全くなく育った。休みの日はテーマパークに出かけるのではなく、高尾山、小田原城と、お金のかからない場所へ家族で弁当を持って出かけた。家族みんなでの行楽は単純に楽しく、「お金を使わなくても楽しく遊べる術」を両親は教えてくれた。

両親はずっと仲が良かったし、チキ子と兄と弟も仲が良かった。家族で過ごす時間は楽しいと、チキ子が素直に思って大人になれたのは、デキる主婦である母のおかげだった。

チキ子は勉強ができるほうではなかったが、地元で中の上程度の偏差値の公立高校に進学した。同級生のほとんどは「都内か神奈川か埼玉の4年制大学」に進学したが、チキ子としてはこれといった勉強をするわけでもないのに4年分の授業料を払うのはもったいないように思えた。

結局、チキ子は地元の短大に進学した。

「特にこだわりがないなら、就職先は金融か生保がいいと思うわ」

短大に進学することが決まったとき、チキ子が母から言われた言葉だ。金融機関や生命保険会社なら、一般の従業員でも経済や金融、資産の仕組み、社会保障や税金の制度のことを勉強できるから、というのが理由だった。

真面目に就職活動をして、地元の信用金庫にチキ子は就職した。今から思うと、就職活動のとき、父の会社での役職が地元の支社長だったことがうまく働いたのかもしれない。家族には就職活動のことを全部話していたため、もしかしたら父が口利きをしてくれたのかもしれない、とも思う。

チキ子が短大を出て就職した春、兄も都内の4年制の国立大学を出て、外資系の大手生命保険会社に就職した。社会人になったら自立すると言っていた兄は家を出た。チキ子は相変わらず自宅から、母が作ってくれる弁当を持って仕事に出かけていた。

就職して1年が過ぎ、弟が関西地方の大学に進学することになったとき、母から「父とチキ子のお弁当を作るように」と言われた。チキ子はデキる主婦である母の下、料理をはじめ家事は母に頼りっきりだったので、毎朝自分と父のお弁当を作ることに最初は難儀した。そうこうしているうちに母が、スーパーのレジ打ちのパートを夕方まで入れることにしたため、定時で帰った日はチキ子が家族3人分の晩ご飯を作るようになった。今から思えば、母が仕組んだ「花嫁修業」である。

チキ子と両親の3人暮らしになっても、相変わらず家族円満だった。

そんな中、いよいよチキ子も家を出るときがきた。結婚することになったのだ。勤務先の信金の同期。同期とはいっても相手は4年制大学を出ているから、2歳上だった。チキ子の勤める信金の中では高学歴で、何より真面目で将来に不安を感じなかった。

チキ子は短大の頃、友人の紹介で何となく「付き合った」彼氏はいたが、それも自然消滅で終わり、恋愛経験はほとんどないに等しい。結婚する相手となる信金の同期は、清潔感があり、言葉も丁寧で表裏がないところも気に入り、デートに誘われて半年くらいで、「結婚しませんか?」と言われたとき、特にためらいもなく受け容れた。

チキ子と夫は、会社の借り上げ社宅のマンションで新婚生活を始めた。夫婦ふたりには贅沢な2LDKで、子供ができてもそのまま住めるほどの広さだった。結婚が決まった時点で、チキ子と夫はそれぞれ別の支店への異動が内示され、しばらくは共働きとなった。

結婚して半年くらいでチキ子の妊娠がわかり、できるだけ勤務を続けたあとで産休に入った。生まれたのは男の子だった。育休を取った上で職場復帰をと思っていたが、すぐに次の子を妊娠した。育休に続けて次の産休をとも考えたが、産休と育休を繰り返すことへの風当たりが強いことは予想でき、それで夫が働きづらくなっても困るということで、チキ子は退職することにした。もともと「こだわりがあって」信金の仕事を選んだのではない。

2人目は女の子だった。チキ子は専業主婦となり、いわゆるワンオペ育児で、1歳児と0歳児を同時に育てることになる。身体のしんどさ、気持ちのプレッシャー、やり場のない「閉じ込められた気持ち」。育児の大変さは、定時で終わる会社で働く比ではない。どちらかというとノンキで鈍感なチキ子でも、どんどん心の余裕がなくなっていった。

家に帰ってきた夫が、チキ子も知っている信金の同僚や上司たちのことを楽しそうに話すのを聞くだけで、心がワサワサとなり、持っているコップをシンクに投げつけたい衝動に駆られた。子供用の食器がプラスチック製なのは、親が育児のストレスで投げつけても割れないように、そんな工夫もあるのではないかとすら思った。

育児中にチキ子が爆発せずにいられたのは、母のおかげだった。大人ひとりならバスと電車で30分しかかからない実家なのに、2人の赤ん坊を連れて行くとなると、何かと手間があり1時間以上はかかる。しかもその1時間は、たくさんの舌打ちや、邪魔なものを見るような周囲の目線を一身に浴び続ける。とにかく1メートル進むために、「すみません」「ごめんなさい」を、念仏のように唱える道のりだった。

それでも実家にたどり着けば、母は優しくチキ子を迎え入れてくれた。育児の疲れ、外で働くノンキな夫への苛立ちもわかってくれた。

「お父さんはそんなことなかった？」と聞いたら母は大笑いした。

「お父さんはあなたの旦那さん以上に、育児のことなんてほったらかしだった。子供なんて勝手に育つんだろうって言われたことだってある」と母は言った。

チキ子は驚いた。お互いに思いやっているようにしか見えない、父と母からは想像できなかった。

「もうそれを聞いて、こちらが折れることにしたの。その代わり、お父さんが稼いでいるお金を、私と子供のために使ってやるって」。そこから母の節約が始まったそうだ。

母が父の給料で、貯蓄をし、家のローンを返し、保険料の支払いと子供の学費を回していたのは、「私が産み育てた子供のため」と、気持ちを切り替えたからだというのだ。スーパーのレジ打ちのパートに出て、その給料から日常生活費を支払うのは、「私が稼いだお金で食べさせている」と実感したかったからだという。

デキる主婦だとばかり思っていた母が、まさかそんな屈折した気持ちを持っていたとは、とチキ子は驚いた。「おかげでお父さんともギスギスしなくなったし、お金も貯まったし、子供たちもみんないい子に育ったし、結果オーライよ」と母は、孫たちをあやしながら言ってくれた。

とはいえ年子の子供たちが小さいうちは、チキ子はなかなか働きに出られなかった。そこでチキ子は、自分のお金を使うという、母のアイデアを少し真似ることにした。チキ子が働いていたのはたった5年だったが、それなりのお金が貯まっていた。

そして夫には夫名義で、保障の手厚い生命保険と、利回りが少しだけ優遇される社内預金に入ってもらった。生命保険は、「いつ何があるかわからないから」、社内預金は、「家を買うときに頭金にできるし、住宅ローンの優遇金利が使えるから」と夫に説明した。その結果、夫の給料からは、まとまった額の引き落としがされ、日々の生活費はカツカツになる。そこで生活の中で足りない部分は、わずかであるがチキ子の独身時代の貯金からまず取り崩すことにした。「子供の手が離れるようになったら、何でもいいから仕事をしよう」「だから今、自分のお金を吐き出そう」とチキ子は考えた。自分の貯金が減り始めると、生活の細かいところまで気を遣うようになった。子供に無理な我慢をさせたくなかったが、「しんどい」を言い訳にする、ついつい使ってしまう無駄な出費は減った。

長男が4歳、長女が3歳になったタイミングで、チキ子は仕事を探すことにした。子供が小学生になってしまったら、1年生は終業時間が早く、また仕事に出にくくなる。チキ子は派遣会社の面接をいくつか受け、資格というほどのものはなかったが、経理の仕事ができるということから、地元の中規模病院の経理事務への派遣が決まった。

もともと夫の扶養の範囲内で働く予定だったため、勤務時間は長くない。久しぶりに社会に出ることには緊張したが、ワンオペ育児の4年間はいつ頂上にたどり着くのかわからない山登りのようだったので、突然に上り坂が終わり景色が開けたような、そんな気持ちもあった。ありがたいことに保育所もすんなり決まり、家を出る時間が早い夫のほうが子供を保育所に連れて行く役割を引き受けた。

チキ子が働き始めてからも、夫の給料からは社内預金と生命保険、そして新しく入った子供2人の学資保険の支払いをし、日常の生活費をチキ子の給料から支出するようにした。デキる主婦の母と同じやり方だ。

週末は家族4人で、チキ子の実家に行ったり、夫の実家に行ったりすることが増えた。子供たちはふたりともどちらの祖父母のことも好きで、祖父母たちもみな孫を可愛がってくれた。その分、週末の食費の負担は軽くなるし、行楽にかかる費用は何やかやと両親らが払ってくれた。

この頃になるとチキ子も心に余裕ができて、ワンオペ育児でしんどかった4年間のことを落ち着いた気持ちで振り返ることもできた。夫は、家の中のこと、子育てのこと、家族の将来設計のこと、すべてチキ子の希望を優先してくれた。

そう思うとチキ子は、「これからもずっと一緒にいるのだから」と、夫に対して温かい気持ちをまた持つことができた。

チキ子が社会復帰して1年足らずで、3人目の妊娠がわかった。

3人目の妊娠は計画的なものではなかった。もちろん心当たりはあったが、そんなに簡単にタイミング良く妊娠するのかと驚いた。ただ妊娠したからにはまた出産がやってくる。チキ子は、ぎりぎりまで働いて、出産は実家に帰ってすることにした。

子供ふたりも実家に連れて帰って母に見てもらうことも考えたが、意外なことに夫が「自宅で子供ふたりの面倒を見る」と言ってくれた。チキ子が実家に帰った2か月弱、夫からは毎日子供の動画や写真がスマホに送られてきた。そして上の子供たちふたりと夫が見守る中で、チキ子は3人目の出産をした。3人目は女の子だった。年子の長男と長女、少し離れた次女と、仲良く育ってほしいとそれだけを思った。

そして3人目のときも、0歳児保育の保育所がすぐに見つかり、チキ子は仕事を探すことができた。運良く前の派遣先の病院から、直接雇用のパートタイムで働かないかと声がかかり、すぐに働き始めた。

チキ子夫婦と子供3人。いよいよ夫の会社の借り上げマンションが手狭になった。これまでの間、夫の給料から積み立てた社内預金はそれなりにまとまった金額になったはずだ。とある週末、夫の両親の家に家族で顔を出した帰り道、「そろそろ社内預金を頭金にして、マンションか家を買わないか」とチキ子は夫に水を向けた。夫も「いつまでも賃貸」とは思ってないだろう。

ところが夫の返事は「あぁ。うん」と歯切れの悪いものだった。

チキ子に不安がよぎった。夫の社内預金は一般の貯金ではないため、中身を確認する通帳がない。次の日、チキ子は夫の給与振込み口座の通帳を持ち出し、信金のATMで記帳した。

そこには、チキ子が次女の出産のため実家に帰っていた時期、夫の普通預金口座に、生命保険会社と社内預金をしている自社から、まとまった金額の入金が記帳されていた。そして、その当日、その全額が現金で引き出されていた。

チキ子は、夫名義の口座のキャッシュカードは持っていた。そのカードで必要な現金の出し入れや振込みをしていたので、その都度残高はATMの画面で確認している。しかし、1日のうちになされたこの多額のお金の移動には気づくことができなかった。

夫はチキ子が3人目の出産で実家に帰っているうちに生命保険と社内預金を、自分で勝手に解約して、そのお金を全部どこかに動かしていたのだ。

チキ子と弁護士の会話

弁護士「そして夫さんから離婚したいと言われた、ということですか……」

チキ子「はい。夫は解約したお金のことを問い詰めても、『借金を返した』の一点張りで、私が何の借金か、本当に借金なのか問い詰めると、『迷惑をかけたから、離婚してほしい』と」

弁護士「夫さん、信用金庫の社員さんで、どちらかというと手堅いお仕事でしょう」

チキ子「そうです。だから『借金を返した』っていうのも、全くわからなくて」

弁護士「例えば、奨学金があったとか、ご親族の商売の借金を肩代わりした、とかもないんですか？」

チキ子「夫は奨学金を借りていませんし、夫の両親はもし本当にそういうことがあれば、私にも必ず言ってくると思います」

弁護士「とはいえ、夫さんの名義だから夫さんが、自分で書類を書いて判子を押せば解約できる」

チキ子「しかも夫は信金の社員だから、そういう書類的なこともササッと面倒なくできて」

弁護士「生活費を止められたりとかは、ないのですか？」

チキ子「日常の生活費は、私のほうから出していましたし、借り上げ社宅なので家賃はほとんどなくて、生活費がなくて困ったことはありません」

弁護士「今はどうですか？」

チキ子「夫はそれが発覚してから、私に毎月の生活費として現金を渡してくるようになって」

弁護士「当面の生活に困っているわけではないということですね」
チキ子「そうです。むしろ私は、これまでの間に貯めたものが何に消えたのかということを夫から聞きたいのですが」
弁護士「しかし夫さんを問い詰めると、離婚してくれと言われるの堂々巡り」
チキ子「『借金を返した』の一点張りと、問い詰めたら『迷惑をかけたから、離婚してほしい』と、もうそれしか言わなくなって」
弁護士「いくらくらいになるんですか？」
チキ子「生命保険の解約金も入れたら1千万円くらいです。すごく節約して、生活費が足りないときは私の結婚前の貯金を崩してまでして……」
弁護士「若いご夫婦で子供さんもいて、しっかり貯金というのは立派ですね」
チキ子「それが消えたんです」
弁護士「チキ子さんとしては、離婚についてはどう考えていますか？」
チキ子「夫がお金を使った理由がわかれば、夫婦でやり直すこともできると思います」
弁護士「理由がわからなければ、離婚するしかないということですか？」
チキ子「そんな人と、これからどうやっていけばいいのか。そもそも信用できないですから」
弁護士「でも離婚したら、そのお金が消えた理由は一生わからないままになりますが……」
チキ子「だから財産分与とか慰謝料とかちゃんとしてもらって離婚したいです」
弁護士「ただ財産分与というのは、離婚するときに存在する夫婦共有財産について、夫婦どちらの名義かにかかわらず、とりあえず全部を2分の1ずつ分ける制度なので」

チキ子「今、存在する財産……ですか？」
弁護士「はい。だから今となっては、チキ子さんご夫婦の財産は、夫さんが理由はわからないけれど使って消してしまったので、財産分与が実質的にゼロに近くなる可能性もあります」
チキ子「私の貯金や子供の学資保険はどうなるのですか？」
弁護士「チキ子さん名義の貯金は結婚前からある特有財産として、財産分与の対象にはならないのですが、子供さんのための学資保険は財産分与の対象になりますね」
チキ子「慰謝料はどうなんでしょうか？」
弁護士「今回の場合、夫さんのほうに離婚の原因はあるといえるので、理屈として慰謝料を請求する余地はあります。でも夫さんには慰謝料として実際に支払うお金はないですよね……」
チキ子「私が一番引っかかっているのは、夫が何にお金を使ったのかなんです。それを夫が隠し続けて離婚したら、ますます迷宮入りになるなんて……」
弁護士「夫さんが何にお金を使ったのか、本当に借金なのか、調べようがあれば、チキ子さんも心を決められるかもしれませんね」
チキ子「夫の両親にも相談してみます」

夫にはいくら質(ただ)してもダメだった。
夫はもともと気が弱い。問い詰めれば問い詰めるほど、夫の表情は曇り、家の中が重苦しくなった。夫は逆ギレをするような暴力性はないが、根が真面目なので、責められるととにかく暗くなる。夫が暗くなればなるほど、チキ子もイライラが募る。夫婦の険悪な空気を、子供たちは敏感に察知する。不穏を察知した子供たちは情緒不安定になり、長男が長女に暴力を振るい、長女がまだ赤ん坊の次女にイタズラをする。そして次女は果てしなく泣き止まない。チキ子は心がおかしくなりそうになった。夫がこのまま落ち込んで、仕事に行くこともできなくなったら、ますますチキ子の家族は行き詰まる。

チキ子は、本当に悔しかったが、お金のことを夫に問い詰めるのをしばらくやめることにした。今を、何とか乗り切ることを考えないといけない。

とはいえ、「貯めてあったはずのお金が消えた」だけなので、日常の生活に困窮することはなかった。

生命保険の引き落としと社内預金の積み立てがなくなったので、生活費はすべて夫の給料から出せるようになった。「今」を乗り越えたら、夫を問い詰めたい気持ちもいずれは消えるかと、チキ子は自分に期待した。

しかし、そうはならなかった。子供の手前、気にしないフリをすればするほど、バカバカしくなる気持ち、夫への怒り、とにかく「何が起こったのか」という不安、消えた貯金の行方が気になり、心はますますぐちゃぐちゃになった。

夫の事件が発覚して半年ほど経った頃、チキ子は夫の両親にすべてを打ち明け相談をした。義母は、はらはらと涙を流して、「ごめんね。チキちゃん」と言い、義父は自分の生命保険を解約して、チキ子夫婦に現金で渡すとまで言い出した。ただチキ子はそれは遠慮した。夫はひとりっ子だったから、義父の財産はいずれ夫が相続する。チキ子としてはむしろ、謎を解く手がかりがほしかったのだが、夫の両親も全く心当たりがないようだった。

夫を問い詰めると「離婚してくれ」と言われることをふたりに話すと、義父も義母も「ごめんね」とそろって泣き崩れた。

もしかしたら夫は、生命保険と社内預金を解約したお金を、現金の形でどこかに「隠し持っている」のではないかと思ったこともある。チキ子は、夫に内緒で仕事を休み、1日を費やして家中を捜した。しかし、現金や隠し口座の手がかりはなかった。

あるいは夫には愛人がいて、そこにつぎ込んだのではとも疑ってみた。しかし、チキ子が次女の出産で実家に帰っているとき、チキ子は夫と毎日LINEをしていた。長男と長女がいる生活の中で、仕事もある夫に、羽目を外す余裕がないことはチキ子が一番知っている。

チキ子はおかしいことをしていると自覚しつつも保育所に行って、チキ子が実家に帰っている間の、長男と長女の送り迎えの記録の書類も見せてもらった。しかし、夫の送り迎えの時間に問題はない。もしかしたらお人好しの夫は、信金の取引先の小さい会社の社長だとか、地元の同級生だとか、個人的に困っている誰かに、お金を渡したのではないか、そんなことすらチキ子は想像した。チキ子はかつての同僚を昼休みに呼び出して、何か怪しいことはないか、夫の行動を調べてほしいとまで言った。しかし元同僚はその場で、「事情はわかるけど、心当たりはない」「お堅い仕事だから、お金でおかしい問題があると、首も飛びかねないんだから、そんなことはないだろう」と言う。むしろ元同僚からは、「チキ子の目つきがおかしくなっていることのほうが心配」と言われた。

チキ子は夫と一緒に暮らすことがどうしても耐えられなくなり、子供3人を連れて実家に帰ることにした。離婚するかどうかはわからない。ただ、実家に帰って両親にこれを打ち明ければ、チキ子がいつも手本にしてきた母なら、「離婚しなさいよ」と背中を押してくれるのでは、と期待をした。

「夫婦は信頼関係が大切よ」「信頼関係がないなら離婚するしかないわ」「いいのよ、帰ってらっしゃい」と母に言ってもらいたかった。

しかし母はそうは言わなかった。

「離婚したら、ここで暮らしたとしても、あなたの稼ぎと養育費だけじゃ子供3人を育て上げるのは大変よ」と母は言った。「それに離婚しても子供とお父さんの縁は続くから、結局連絡も取り合わなくちゃいけないし、面倒くさいのは離婚するほうかもしれない」とまで言われた。

チキ子は「だって」という言葉を飲んだ。

チキ子は、長男と長女が年子で生まれて育児ノイローゼに近い状態だったとき、夫に対して爆発しそうになったことがある。そのときも一瞬だが離婚を切り出すことが頭をよぎった。しかし、もしあのとき離婚していたら、2人の子供を抱えて実家に身を寄せるしか術はなく、離れて暮らす兄弟に気を遣いながら、節約と子育てに追われるシングルマザーになっていただろう。たしかに今はチキ子自身も働き、少し稼ぐことはできている。だが、今のチキ子の仕事の稼ぎと夫からの定額の養育費を足した生活と現状維持を比べたとき、将来、経済的にしんどくなるのはどっちだろうかと考えた。

離婚はしないことにした。

夫のもとに帰ってからチキ子は、パートの仕事の勤務時間を増やした。正社員になることを目指し、正社員としての給料の良い仕事を探そうと思った。夫の扶養の枠内でということはもう考えない。家計の生活費は夫の給料から支出し、そこから余剰が出れば、それをコツコツとチキ子名義の口座で貯金した。そしてチキ子は自分で新しく生命保険の契約をし、その支払いや子供の学資保険の支払いを、チキ子の給料から出すようにした。

チキ子は結婚というユニットの中で、夫とチキ子、そして子供たちが、「どうすれば楽しい時間を過ごせるのか」そのときどきの条件で考えることにしたのだ。そう思わないと、頭の中で消えた1千万円のことだけがグルグルと回り始め、夫を問い詰めたくなる。仮に問い詰めて答えがわかったとしても、そのお金は「もうない」のだ。

チキ子が「離婚しない」という選択をして、夫はますますチキ子に気を遣うようになり、子供のことにも積極的に関わるようになった。何かしらの反省なのか贖罪(しょくざい)なのか。

久しぶりに再会した元同僚に、「夫を許したの？ 普通なら離婚するだろう」と言われた。チキ子自身、夫を許した気持ちは全くない。1千万円ものお金を消してしまい、その理由を決して話そうとしない夫と、同じ屋根の下で一緒に暮らしている自分自身を「おかしいんじゃないか」とすら思う。冷静に考えて、夫婦として気持ち悪い状況だ。

でも、じゃあ離婚したら幸せになれるのか、離婚したら解決するのかというと、そうでもない。あらためてチキ子は、高給サラリーマンの妻でありながら、スーパーのレジ打ちのパートを続けた母を尊敬する。母は結婚してからも、そこから続く自分の人生設計をしっかりと考えていたのだ。だからこそ母はチキ子にも安易に離婚を勧めず、今の枠内でどうすればいいのかを考えさせたのだろう。

母がチキ子と同じ立場なら、離婚せずに結婚を続けながらの人生設計の組み換えを選択するだろうと思った。それがチキ子にとって結婚の枠内での自立だと思った。

離婚にまつわる用語集 1

▼夫婦同氏が養子よりも優先する

養子縁組による氏よりも婚姻による氏を優先させるため、養子となる人が婚姻中であり、かつ戸籍の筆頭者ではない場合（筆頭者の配偶者の場合）は、戸籍の変動の必要はない。

▼財産分与・共有財産

婚姻生活中に夫婦で協力して築き上げた財産を、離婚にあたり折半し分配することを財産分与という。法律で離婚の際には、相手方に対し財産の分与を請求することができる（民法768条1項）と定められている。ただし、離婚後2年が経過すると財産分与の請求はできない（民法768条2項）。婚姻中に夫婦が協力して築き上げた財産で、財産分与の対象となる財産が夫婦共有財産。財産分与の対象となる夫婦共有財産かどうかは財産の名義だけで判断するのではなく、婚姻中に協力して築き上げたものといえるかどうかの観点から判断される。婚姻中に取得した不動産などは登記簿上、夫の単独名義になっていても、夫婦の共有財産であり財産分与の対象となり、妻は不動産について財産分与を受ける権利がある。ただし、婚姻前から所有する財産や、婚姻中であっても相続した財産などは特有財産とされ財産分与の対象にならない。

▼夫婦共有名義の住宅ローン

結婚してから購入した家は夫婦の共有財産のため、離婚時には財産分与の対象となる。財産分与に住宅ローンの名義は関係ない。どちらかが家を取得して持ち分相当額を相手に払うか、家を売却してその売却金を分配するのが一般的。

▼有責配偶者

不貞行為をして夫婦関係を壊した配偶者など夫婦関係の破綻の原因について特に責任がある配偶者のこと。裁判上、有責配偶者からの離婚請求は、原則として認められていない。ただし、別居期間の長さ、親から独立して生活できない子がいるかどうか、離婚をしても破綻原因を作っていない配偶者が苛酷な状況に陥らない、などの事情を総合的に判断し、有責配偶者からの離婚を認めるケースもある。

ケース3

妊娠した不倫相手と夫の再婚のための、離婚はしない

ユニ子の問題

同期でひとつ上の夫とともに市役所で働く46歳。夫婦ともに課長職。高校3年生の長女と中学3年生の次女がいる。ユニ子の産休、育休のあと、夫は時短勤務にするなど育児にも協力的だった。夫婦とも仕事ができ、子育ても問題なく、家庭円満のユニ子夫婦は職場でも信頼と評価を得ていたが、夫と部下の不倫が発覚。不倫相手は妊娠もしていた。

ユニ子は46歳の公務員。ひとつ上の夫も同じ市役所で働く同期だ。大学に一浪で入った夫とは新任の頃から気が合い、いつしかふたりで仕事帰りに飲みに行くようになり、付き合うようになった。

ユニ子が長女を妊娠したのを機に結婚。ユニ子は産休と育休のあと職場に復帰し、夫はユニ子の復帰に合わせて時短勤務となった。市役所という職場柄、共働きでも子育てしやすい制度がかなり前から整備されている。夫の時短勤務も世間の「イクメンブーム」の前だ。もちろん

嫌な顔をする同僚や上司もいたが、それはそういう人たちの考えだと夫婦で割り切って考えていた。次女の妊娠出産も同じようにした。

ユニ子は地域経済の部局で、夫は総務や人事の部局で順当に昇進し、それぞれ課長職になっている。今、長女が高校3年生、次女が中学3年生でダブル受験の1年だが、学習塾など進学のための費用、住宅ローンの負担も特に問題はない。

子供の頃から計画的に物ごとを進めることが好きだったユニ子の性格に照らすと、今の生活には概(おおむ)ね満足している。長女も次女も自分の好きなことや、やりたいことをしっかり自分で決めることができる、母親から見てもよくできた子供たちだ。休日に母娘3人でたわいもない話をリビングでする時間、ユニ子は堅実な「当たり前」の生活を自分で築き上げられた幸せに感謝した。

そんなとき、ユニ子の心に浮かぶのは法学部に進学することや地方公務員を就職の第一志望にすることに、その都度背中を押してくれた両親の顔だ。もちろん夫の顔も。決してハンサムではなく同期の男性の中でいちばん背が低い夫と、同期の女性の中でいちばん背が高いユニ子という夫婦のアンバランスをからかう仲間もいた。だが真面目な話題ほど夫と考えが合った。何よりも夫は勉強が好きで博識で、ユニ子はそこが好きだった。

年が明けて1月、本格的な受験シーズンとなり長女の大学入試の付き添いでユニ子は都内のホテルで1泊する予定だった。ところが家に残った次女から熱があるというＬＩＮＥが来た。土曜日だったが、夫は新卒の採用関係の仕事で家におらず、長女が大丈夫だと言うのでユニ子は東京に泊まらずに家に帰ることにした。

都内からの電車を降りて最寄り駅にあるロータリー広場への階段を降りる手前、ショッピングモールに続く遊歩道へと入る通路に夫とその女がいた。小柄な女が夫の胸に右手を当て、夫の両手がその手を包み女は嗚咽していた。ユニ子からすると新鮮な「男らしい」表情を夫はしていた。

あそこにいたのは紛れもなくユニ子の夫だった。そして一緒にいる女も市役所の中で見たことがある顔だった。ユニ子はそれに気づいたが、夫と女のいる通路を通り過ぎ、予定通りロータリーからバスに乗って家に帰った。そして次女のための食事を作って、あとは夫の帰りをひたすら待った。

夫とあの女は不貞とか不倫とかの関係なのだろうか。それともそこまでは進んでいない互いに好意のある男女の関係なのだろうか。いやいや、それはただの考えすぎで夫は上司として女の相談を聞いていただけなのだろうか。今から何かが起こるのか、何も起こらないのか。何も起こらないほうが良いと頭ではわかっているのに、何かが起こるのを見てみたいというグツグツと煮える鍋の蓋のような高揚感があった。

夫は夜10時頃に帰ってきた。長女の受験に付き添っているはずのユニ子が家にいることに驚いた様子だった。ユニ子は次女が熱を出したこと、熱はたいしたことはないこと、そして夕方、夫と女を駅で見かけたが「大事な話をしていた様子だったので声をかけづらかった」ことを話した。声を震えさせてはいけないと思っていたのに思わず声が裏返り、かっこ悪いと思った。

夫はほんのしばらく黙っていたがスルスルと話し始めた。あの女が市役所の嘱託職員であること、採用面接をしたのが夫であること、夫のほうから好意を持つようになったこと。そして身体の関係を持つようになったこと、その女が今、夫の子を妊娠しており、もう中絶ができない時期になっていること――。

それは、さっきまで夫を待ちながら高揚感とともに想定していた内容をすべて凌駕(りょうが)する話だった。ユニ子は「10代じゃあるまいし」と吐き捨てるように言った。

夫は「ユニ子と子供たちにとって、どうお詫びしてもしようがないことだと思う。責任を取るしかない」とただ頭を下げた。ユニ子が「責任!?　どう責任を取るの!?」と言うと夫は「家のローンは君の名義分も含めて、実家の親からお金を借りて僕が全部返す。そして抵当権を外した上で家をすべてユニ子の名義にする。娘ふたりが大学を出るまでの学費と生活費にあたる部分もできるだけ払うようにする。その手続が全部できた上で離婚届を書いてほしい」と言った。

「離婚!?　あなた、自分がそれだけのことをしておいて、何で私が、あなたが再婚するために離婚届にサインしなきゃいけないの!?　あなたとあの女の尻ぬぐいに何で私が協力してあげなきゃいけないの!?」

弁護士からユニ子へ

離婚には協議離婚、調停離婚、審判離婚、裁判離婚などの種類がありますが、協議離婚以外は裁判所の手続による離婚です。一方で協議離婚とは離婚届を作成し役所に提出すればそれだけで成立する裁判所の手続ナシの離婚です。

この協議離婚の手続はとても簡単で、離婚すること、そして未成年の子供がいる場合は、子供の親権者をどちらにするかについてお互いの意見が一致すれば、それだけで離婚ができます。

裁判離婚のように離婚のための特別な理由も問われません。理由がなくても離婚できる、理由無制限の協議離婚が日本で最も利用されている離婚です。

しかし協議離婚は互いに「離婚する」ということに合意していないとできません。そして離婚したいワタシが協議離婚をアナタに求めたとき、アナタが協議に応じる義務はありません。ユニ子さんは夫から住宅ローンや家の名義、さらには子供さんたちの学費などについて条件を提示され、そして離婚届による協議離婚を求められました。当然ながらユニ子さんにはそもそも協議を断る自由があります。

協議離婚を成立させることに特別な理由がいらないのと同じように、協議離婚のための協議を断ることにも特別な理由はいりません。「嫌だから断る」でもいいし、何なら「理由はないけど断る」でもいいのです。ユニ子さんのように「知らない間に好きなことをした夫の尻ぬぐいのために自分が協力するなんて絶対にしない」ということも、協議離婚の求めを断る立派な理由です。

このように協議離婚ができなかった場合、離婚したいワタシはどうすればいいのでしょうか。離婚したくないアナタを説得し、あるいはねじ伏せて離婚を実現したいのであれば裁判所に行くしかありません。まず離婚調停を申し立て裁判所で話し合いをして、何とか離婚してもらえないかと、調停手続の中で離婚したくないアナタを説得することになります。そして離婚調停での話し合いがまとまらない場合は、判決による離婚を求めて離婚訴訟を提起し、離婚を命じる判決の獲得を目指すしかありません。

しかしユニ子さんの夫の場合、裁判所に駆け込んでも離婚を実現することは難しいでしょう。

離婚調停というのは裁判所に所属する民間から選ばれた調停委員という調整役を間に入れて話し合いをするのですが、「一般的な市民感覚」をもつ調停委員からすれば、妻と子供がいるにもかかわらず部下の女性と不倫をし、「離婚したい」という夫の求めはずいぶん身勝手に見えるでしょう。「妻のユニ子さんが離婚に応じると言っているのならいざ知らず、それでも夫から離婚を求めるのは盗っ人猛々しいんじゃないですか?」と調停委員からやんわり言われるのが目に見えます。

それなら離婚訴訟を提起して……となるのですが、どうでしょう。裁判離婚を命じることができる理由を書いてあるのは民法770条という条文です。その1項1号には「配偶者に不貞な行為があったとき」とありますが、今回はこの場面にはあたりません。これはユニ子さんが原告になって、「アナタが不貞行為をしたから離婚してくれ」と夫に離婚を求める裁判を起こす場面を想定した条文です。そもそも実際の離婚訴訟は離婚する原因になるような事情を一方的に作ったような責任ある配偶者（有責配偶者）からの離婚請求には、とても厳しい判断をする運用となっています。

ということでユニ子さんが、「離婚は絶対しない!」と言うことはもちろん自由で、そのユニ子さんの気持ちを抑えつけて離婚することは調停や訴訟を起こしたとしても難しいのが現実です。

夫の尻ぬぐいのために自分が離婚に協力するなどユニ子にとってとても耐えられないことだった。夫とはもう長くセックスレスだったが、別に嫌いになったわけでもなかった。夫もそれなりにユニ子に女性として好意を抱いてくれていると思っていた。夫が自分よりもずいぶん若い女に男として好意を持って近づいたという敗北感に加えて、離婚に協力することはそれを認めることだという悔しさがあった。

職場の市役所ではユニ子と夫は周囲から羨ましがられている夫婦だった。職場結婚の夫婦はほかにもいたが、嫁姑の諍いや夫の家事への非協力で妻が疲弊している夫婦が離婚すれば少なからず狭い職場のゴシップになった。夫婦とも仕事ができ、子育ても問題なく、家庭も円満であることが、市役所の幹部からユニ子と夫がそれぞれ信頼され評価されている無形の付加価値であることもユニ子は知っていた。今ここで離婚することはユニ子の仕事においてもマイナスでしかない。

娘たちも父である夫を嫌っていない。娘たちは夫と仲良くしていたし、有名国立大学の法学部を出ている夫の意見を進路選びや将来設計の指針にしていた。母であるユニ子とは違う親の役割を夫は果たしていた。長女はもうじき大学生となりほとんど大人と同じだ。次女も高校生になれば自分でいろいろなことを決められる。だが、ユニ子は自分が離婚に協力して娘たちから父親の存在を奪うことはできなかった。

そもそもユニ子がこんな苦しい選択に悩むのは、すべて夫に非があることだ。ユニ子は何も悪くない。ユニ子はただ自分の人生をしっかり積み重ねて幸せな家庭を築いていただけなのだ。夫も同じ景色を見ていると思っていたが、夫は別の景色にかまけていた。世に言う「男の身勝手」そのものではないか。ユニ子は自分が冷静で自立した女だからこそ、「男の身勝手」に一片の同情をする必要もないと思った。

初めて夫の不倫を知り、夫から提案された離婚話をユニ子が強く突っぱねてからも、子供がいないタイミングで「あのことをもう一度、話し合いたい」と夫は言ってきた。しかしユニ子は断った。ただ「あなたの尻ぬぐいのために離婚に協力するつもりはない。これまで通り、あなたは私の夫であり、娘たちの父親としての責任を果たしてほしい。それだけだ」と言った。そのときの夫の悲しそうな顔、泣き出しそうな顔は忘れられない。夫の悲しみは自分の希望をユニ子が受け容れなかったことではなく、夫と結婚できない未婚の母になるしかないあの女のことを不憫に思う、それでいて慈しむ男の悲しみだった。そんな夫の顔を見たユニ子はますます自分が離婚に協力することなどないと確信した。

2月に長女は第一志望の都内の大学に合格した。長女は友人とルームシェアで暮らすため家を出る。都内なら通えるのに、とユニ子が言うと長女は「今から家を出ておいたほうが、将来、自立できるでしょう」とユニ子が抱きしめたくなるようなしっかりしたことを言った。次女も手堅く地元の公立の進学校に入学した。

娘たちの進学が落ち着いた頃、夫は6月から市役所を出て関西にある国の機関へ2年間の出向が決まっていることをユニ子に話した。4月になり長女は家を出て、次女は高校生になり、6月には夫は関西へ転居していった。夫の胸に手を当てて嗚咽していた女、夫の子を宿していると聞いていた女は市役所では姿を見なくなっていた。妊娠している子供がどうなるのか、関西にあの女も一緒に行ったのか、ユニ子はそれを探ることはしなかった。ただ夫が転居するときにも「私はあなたの尻ぬぐいのための離婚には協力しない」と伝えた。

夫は盆休みや秋の連休、年末年始や娘の帰省に合わせて家には帰ってきた。だがユニ子と夫の会話はなくなった。共有の生活費の口座には、これまで通り夫からの入金があり住宅ローンや子供たちの学費の支払いにも問題はなかった。

次女の海外への修学旅行のパスポート申請に必要な戸籍謄本(とうほん)を取ったとき、夫がユニ子の知らない名前の子を認知していることを知った。男の子の名前だった。ユニ子は戸籍に書かれている全く馴染みがない名前と、夫の名前を指で何度もなぞった。なぞればなぞるほど夫に似た赤ちゃんの顔が思い浮かび、その顔はどんどん成長して夫の顔になった。

ケース4 最愛の人との間に生まれた、無戸籍の赤ちゃん

ミミ子の問題

福岡から上京し、20歳でデキ婚したが、夫のDV（ドメスティック・バイオレンス）が原因で流産する。夫から流産したことを責められ、さらに暴力を振るわれ、突発的に福岡にある祖母の家へと逃げ込む。そこで今の優しい夫と出会い妊娠。前夫と離婚が成立していないため、今の夫との婚姻届も子供の出生届も出せず、子供は無戸籍状態に。

ミミ子は高校を卒業してすぐに福岡から東京に出てきた。

あれから7年、25歳だ。福岡では、父と父の彼女との3人暮らしが長かった。父の彼女とミミ子は、口も利かないほどそりが合わず、お金のない3人暮らしは家も狭く、息が詰まるような生活だった。だからミミ子は当てはなくとも、とにかく東京に出た。バイトで食いつなぐ、先の見えない生活だったが、それでも息苦しくはなかった。

20歳になってすぐに妊娠がわかり、付き合っていた男と婚姻届を出した。婚姻届を出す前か

ら一緒に暮らしていた新宿区の狭いアパートで同じ名字になった。婚姻届を出すことの意味もよくわからなかったが、妊娠検査薬で妊娠がわかり、産婦人科に行くお金もなかったが、男は「子供ができたからケジメ」だと言う。男は汚い字で自分の名前を書いた婚姻届を渡してきた。婚姻届は、ふたりで新宿区役所に出しに行った。

婚姻届を出してから男はミミ子のことを「嫁」と呼ぶようになったが、ミミ子は「嫁」と呼ばれるのは好きではなかった。男には気に入らないことがあると殴る癖がもともとあって、ミミ子がつわりで寝込んでいると男は不機嫌になり、ミミ子を殴る。そしてミミ子は流産した。初めて行った産婦人科で、処置を受けながら、ミミ子は身体の中で命が途切れたことを実感して泣いた。ミミ子は、自分が何を求めて生きているのか、わからなくなっていた。福岡から逃げるように東京に来て、今も何かから逃げるように生きている。ミミ子にとって身体の中の新しい命は小さな希望でもあったのだ。

処置後、アパートに帰るとまた男に怒鳴られて殴られた。流産はミミ子が悪いと言う。「流産で金がかかった」とも言われた。

ミミ子は男から日常的に暴力を受けていたため、このあと、さらに男から容赦なく殴りつけられるであろうことはわかっていたので、「逃げるしかない」と、産婦人科で使わなかった1万円札を握ってスリッパのまま家を出た。

1年後、ミミ子は福岡の祖母の家にいた。祖母は生活保護を受け、市営住宅で暮らしている。ミミ子が転がり込んだとき、祖母は嬉しそうな顔はしなかったが、それほど嫌そうな顔もしなかった。ミミ子はパチンコ屋でアルバイトを始めた。とにかくお金を貯めて、逃げなくてもいい生活を送りたかった。

そんな中、今の夫と出会った。パチンコ屋のバイトの先輩だったが、ミミ子より10歳も上だ。お笑い芸人を目指して大阪に行ったが、鳴かず飛ばずで、バイクで大けがをしたのをきっかけに福岡に帰ってきたという。今でも重たい荷物を運ぶときは片足をかばって引きずっている。お笑い芸人を目指していただけのことはあり、夫の店内アナウンスは面白く、常連客に人気だった。次第にミミ子と夫は互いに好意を抱くようになり、ミミ子は祖母の家を出て、夫のアパートへと移り住んだ。

今度は転がり込むのではなく、ちゃんと引っ越しをした。ホームセンターで、4900円のチェストと3000円のクッション座椅子をおそろいで2つ買い、夫のアパートに持ち込んだ。夫はシングルベッドをダブルベッドに買い替えてくれた。

夫は優しくてミミ子をいつも笑わせてくれる。パチンコ屋の帰りにふたりでスーパーに立ち寄り、安売りの食材を買って、家に帰ると夫は料理もしてくれた。

そしてミミ子の身体に再び新しい命が宿った。ミミ子は幸せだった。今の夫とふたりの幸せが、またもうひとつ大きな幸せになるように感じた。自分と夫が新しい命を幸せにする光になりたいとも思った。

産婦人科を受診して、夫が「出産までに結婚して、夫婦で子供を迎えたい」とプロポーズしてくれた。そのとき、ミミ子は新宿区役所で20歳のときに出した婚姻届のことが頭をよぎった。

結婚できないなんて夫に言えない……。

ミミ子は翌日、福岡の区役所で離婚届の出し方を聞き、戸籍謄本を用意して、左手で男の名前を書いて判子を押して郵便で新宿区役所に送った。左手で書いた男の名前は、実際に字が下手くそだった男本人の字に似ているようにも思えた。

弁護士からミミ子へ

離婚届を役所に提出し受理されれば、離婚届に書いた通りの内容で、離婚した事実が戸籍に反映されます。しかし、あくまでもそれは、その離婚届を夫婦ふたりが離婚することに合意した上で、真正なものとして作成したことが前提です。今回のミミ子さんのように、相手方の男性の了解もなく勝手に名前を書き込んだ離婚届は、法律が想定する離婚の届出とはいえず、偽造の離婚届であり無効です。

ただ役所の実務として、提出された離婚届について、今のところ本人の意思確認や本人の筆跡確認はしていません。そのため自分の意思によらない離婚届が出される恐れがある人は、役所にあらかじめ、「もし私の名前の離婚届が出されても、受理しないでください」という離婚届不受理申出をする必要があります。

この離婚届不受理申出がされていなければ、実際のところ、ミミ子さんのような偽造の離婚届を役所の窓口で阻止することは困難です。そのため離婚届が提出されてしまうと、ほとんどの場合は、その離婚届に書かれた内容のまま、離婚の事実が戸籍に記載されます。外から見ると有効な離婚が成立したようになります。

ミミ子さんが提出した離婚届も新宿区役所で受理されれば、その内容で戸籍には離婚が成立したと記載されます。しかし、偽造の離婚届による無効な離婚です。もし、相手の男性が、「こんな離婚届を俺は書いていない」「俺は離婚する意思がない」と、離婚無効の訴えを裁判所に起こした場合、ミミ子さんは敗訴して離婚がなかったことになります。

また離婚届を偽造して提出したことについて、ミミ子さんは有印私文書偽造の罪、電磁的公正証書原本不実記録の罪で刑事罰に問われる可能性もあります。

ただ、ミミ子さんのように結婚生活の事情から逃げるように飛び出して息も絶え絶え暮らしている人にとって、連絡を取ることすらしんどくなるような相手に、離婚届による協議離婚を真正面から持ちかけるのは難しいでしょう。また、話し合いに行き、相手から暴力を振るわれるという危険を考えると、問題がある相手であればあるほど、話し合いによる協議離婚の成立は難しいというのが実情です。

協議離婚ができないとなると、離婚を求める側は裁判所に離婚調停を申し立てることになります。ただ、離婚調停の申し立て先は、離婚を求められる側の住所の裁判所が原則です。ミミ子さんの場合は、新宿区を管轄する東京の霞が関（かすみがせき）にある東京家庭裁判所に離婚調停の申し立てをすることになります。ミミ子さんが、東京の裁判所に自分で離婚調停を申し立てることは、非常に難しいと想像できます。弁護士に依頼するにしてもお金がかかります。

福岡のミミ子と夫のアパートに、新宿区役所から離婚届が返送されてきた。ミミ子が左手で書いた男の署名が偽物であるとバレたのではなく、新宿区役所側が受理できないほど間違いだらけで、送り返されてきたのだ。返送された郵便を受け取ったのは今の夫だった。

ミミ子は戸籍上は既婚者であることを知られたら、今の夫にも殴られるのではないかと怖くなった。しかし、殴られる覚悟で、東京での結婚や流産の話を夫にした。

「かわいそうだったんだね」「ミミちゃん、幸せになっていいんだよ」と、夫はミミ子よりももっと泣いて、優しく抱きしめてくれた。ミミ子は、夫が結婚できないことを怒らないこと、ミミ子が悪いと責めないことに、あっけにとられた。

「ミミちゃん、僕とミミちゃんが結婚できなくても、生まれてくる赤ちゃんは、僕とミミちゃんのふたりの子供なんだから」「赤ちゃんと3人で一緒に幸せになろうね」と言ってくれた。

臨月になり、ミミ子は出産した。大きい男の子だった。ミミ子と夫は、産婦人科で出生届の右ページに出生証明書を書いてもらい、母親の欄にミミ子、父親の欄に夫の名前を書いて福岡の区役所に提出した。区役所に提出したとき、窓口の人からは「おめでとうございます」と言われた。嬉しかった。

しかし、30分ほど待たされたあとで、別室に呼ばれた。

机の上には、さっき提出した出生届が置かれてあり、窓口の人とは違う男性職員から「この内容では出生届を受理することはできません」と言われた。あっけにとられるミミ子を前にその男性職員は、「父親の欄に、ミミ子さんの結婚している男性の名前を書いてください」「それが法律、決まりですから」と言う。「でも、この子の父親は僕です」と夫は言い返したが、「え？　あなたはミミ子さんの結婚している旦那さんじゃないですよね。実際はどうなのかは役所は全く関係ありません。とにかく法律で、この子の父親は、ミミ子さんの結婚している旦那さんってことが、この子が生まれる前から決まっているんです」と、男性職員は、学校の先生のように高圧的にまくしたてた。

ミミ子と夫は、かみ合わない話と理解できない内容にただ疲れ、突き返された出生届を手に、帰路についた。夫の姉が心配そうに赤ちゃんを抱っこしながら待っていた。

弁護士からミミ子へ

民法772条1項には「妻が婚姻中に懐胎した子は、夫の子と推定する」という規定があります。「推定」と言うと軽く聞こえますが、これは反対の事実を証明しない限りその通りに決められるという強い「推定」です。

ミミ子さんは、20歳のときに婚姻届を出した男性と離婚が成立していない、「婚姻中」の状態であり、その間に妊娠、つまり懐胎したので、この民法772条により生まれた子供の父親は、結婚相手の男性と推定されるのです。

しかし、実際に、ミミ子さんが産んだ赤ちゃんの父親が、福岡で一緒に暮らしている夫さんであることは、ミミ子さんも夫さんも知っていることです。ミミ子さんの結婚相手の男性も、ミミ子さんが福岡で産んだ赤ちゃんの父親が自分でないことは百も承知のはずなので、法律で「あなたの子供」となると言われても、かえって困惑するでしょう。

それならやっぱり、赤ちゃんが生まれる前になんとしてでも新宿区役所に離婚届を出しておくべきだった……と思いがちですが、そうでもありません。民法772条2項が「婚姻の解消若しくは取消しの日から300日以内に生まれた子は、婚姻中に懐胎したものと推定する」と規定しています。離婚、つまり婚姻の解消から300日以内に生まれた子は、婚姻中に妊娠したと推定され、772条の1項と相まって、結局その子の父親は戸籍上の夫だと推定されるのです。
妊娠に気づいてから何らかの形で離婚を成立させたとしても、妊娠前の最終月経開始日からおよそ280日後を出産予定日と算定するように、妊娠に気づいている時点で、離婚成立から300日以内には赤ちゃんが生まれるのが通常です。ですから、ミミ子さんも戸籍上の夫の名前を勝手に書いた離婚届が、仮にあのとき新宿区役所に受理されていたとしても、赤ちゃんの出生届を出せないことには変わりがなかったのです。

ミミ子と夫は子供に「望(のぞむ)」と名付けたが、この名前は、ふたりの間で付けただけで、出生届はまだ出せていない。この赤ちゃんがミミ子と夫の子供であること、望という名前であることを表す書類はどこにもない。ミミ子と夫には、もうどうしたらいいのかわからなかった。

子供が3か月ぐらいになったとき、3人が暮らすアパートに区役所の職員が来た。国からの命令で「民法772条による無戸籍の実態調査」をしているという。ミミ子は、戸籍上の夫との生活のことを根掘り葉掘り聞かれた。「これに協力すれば、もしかしたら特別に戸籍を作ってもらえるのかもしれない」とミミ子は役所の人に期待した。

区役所の職員は、ミミ子の家に聞き取りに来たあと、しばらく経ってから、法務局職員という別の人と一緒に再び訪ねてきた。法務局の人が説明をしてくれたが、ミミ子には慣れないその堅い話し方が少し怖かった。説明では、ミミ子のような子供の出生届を出せない母親でも、家庭裁判所で前の夫への調停をすれば、何とか子供の戸籍を作ることができるということだった。

ミミ子は、家庭裁判所というのも怖かったし、弁護士を雇わないといけないと言われて、ますます「自分には無理だ」と思った。このまま、ひっそり今の夫と、戸籍がなくても「望」を抱いて生きていければいいようにも思えてくる。

法務局の職員や法務局の職員が紹介してくれた弁護士からは、「子供には戸籍を作ってあげたほうがいい」「そのほうが家族全員が法律で守られる」と何度も言われた。とはいえ、ミミ子の場合は、戸籍上の夫との離婚の調停から始めなければならない、ということを聞いて、ミミ子は前の夫と連絡を取ることが単純に怖かった。

弁護士によると「昔はミミ子さんのような無戸籍の子のお母さんは、役所でも〝アンタが悪い〟と言われて、もっとつらかったようです」「これは法律の落とし穴みたいなもので、ずっと光が当たらなかったことなので、僕たち弁護士も手探りです」ということだった。

ミミ子は、それでも前の夫への調停をすることは怖かったが、「望のためだけじゃなくて、僕はミミちゃんとちゃんと結婚するためにも頑張りたい」と夫が言ってくれたことで決心した。

ミミ子は、大好きな夫と結婚するために家庭裁判所の手続を頑張ろうと思った。

ケース5

DV夫と重なる、母を怒鳴る実父の記憶

トト子の問題

小学2年生の娘を持つ42歳。大学卒業後、入社した大手家電メーカーで夫と出会い社内結婚。子供が生まれると同時に退社し専業主婦に。夫からの直接の暴力はないが、怒鳴る、罵声を浴びせる、ものにあたるなどのDV(ドメスティック・バイオレンス)を受ける。幼少期には実母が実父に怒鳴られる光景を目の当たりにする経験を持っている。

トト子は42歳、結婚10年目の専業主婦。小学2年生の娘と夫との3人暮らしだ。夫は国立大学の工学部を出た54歳、大手家電メーカーの品質管理部門の課長職。トト子は大学を出て新卒で就職した会社で出会った夫と社内結婚した。しばらくは共働きだったが、子供が生まれるときに退職し専業主婦になった。もともと家事は嫌ではなかったし、母親が家にいるほうが子供にとってもいいだろうと漠然と考えていた。

毎朝トト子は夫が起きるより1時間早く起きて、夫の弁当を作りながら朝食の用意をする。トト子のいつもの朝だ。夫はトト子が起こさなくても自分で起きる。それまでには夫の弁当箱を保冷バッグに入れておかねばならない。そして夫がダイニングテーブルに座るタイミングで、

トーストとコーヒーを並べなければならない。このタイミングがズレると、夫は怒鳴る。トーストを食べずに皿ごと逆さにして、グシャッと潰す。

「ホントに、オマエは仕事ができねぇなぁ」と吐き捨てるように言われる。これまで何十回も言われ続け、トト子はその都度、「自分は本当にどうしてこんなにトンマなんだろう」と、夫が怒ることを予測して行動できない自分を責める。

弁当ができあがり、食パンをトースターに入れる頃から、トト子は耳をそばだてる。寝室のドアが開く音がしないか、夫の足音がしないか、とにかく夫を怒らせてはいけない。

あっ、寝室のドアが開く音がした……！

今日のトト子は、動きが機敏だ。なかなかのベストタイミングでトーストとコーヒーをダイニングテーブルに並べることができた。夫は特に何も言わず、トーストを食べ、コーヒーを飲んで、弁当箱入りの保冷バッグを持って、玄関に向かう。

「良かった……」

トト子は音を出さないようにホッと息を吐き、キッチンから「いってらっしゃい」と言う。玄関まで見送りをすると、夫は「ジロジロ見てんじゃねぇよ」と機嫌が悪くなるのだ。トト子は夫を怒らせることなく、無事に「いってらっしゃい」までたどり着けたことに心の底からホッとした、そのときだった。

「ちょっと来いよ！　オマエ、バカか！」

玄関から夫の怒鳴り声がした。

「何が⁉」

トト子に心当たりはなかった。だが、夫が怒鳴ると反射的に「私が何か悪いことをしたからだ」と思う。玄関に行くと、玄関のたたきに保冷バッグと弁当箱が投げ出されていた。

「今日は本社だって言っただろ！　ゴマ油を使ったおかずの弁当箱なんか開けられると思うのか！　恥かかせんのか。バカが！　死ね！　全部、ダメだわ。クソが！」

夫は大声と早口でトト子を怒鳴ると、投げ出された弁当箱を革靴で踏みつけた。バリッと音がして、プラスチック製の弁当箱の蓋が割れ、そこから肉汁と油がしみ出した。

夫はそのまま出かけて行った。

そうだった。昨日の夜、今日は本社で会議があり、弁当は本社の食堂で食べることになると聞いていた。夫の会社の本社の食堂がどんなところかは知らないが、それなら夫に聞けば良かった。「お弁当はどうしたらいい？」と。

「なぜ私は、気が利かなくて夫を怒らせてしまうのだろう」。玄関で立ち尽くすトト子の心臓はドキドキしていた。肩と腕が自然にブルブルと震えるのを感じる。だが、子供が起きる前に、玄関だけでもきれいにしなければ……。

トト子には、自分が子供の頃に見た光景が思い出される。母もいつも父に怒鳴られていた。父は母を怒鳴ると、最後は必ず料理に手を上げた。テーブルに並べられた夕食を全部床にぶちまけたり、シチューを鍋ごとシンクに流したりした。父はトト子にも見えるところで、母を怒鳴り、手を上げていた。

父は鉄道会社の運転手で、怒鳴る以外は家であまり口を利かない人だった。父とどこかに出かけたという記憶はない。そしてトト子が小学5年生のとき、父は自殺した。人に迷惑をかける死に方ではなかったが、自殺者を出したことが近所に知られた居心地の悪さから、ひとり娘のトト子と母は、母の実家に引っ越しをした。

母の実家は経済的余裕があり、父の退職金や保険金もあったため、生活に不自由することはなかった。だが、トト子にとって父の記憶は、母を怒鳴り、そして料理に手を上げる姿がほぼすべてだ。

そして何よりも思い出す感情が、父が亡くなったときに心をよぎった「ホッとした」気持ちだ。「ホッとする」というのは、こういうことをいうのだと痛感した。耳をそばだてなくてもいい。肩をこわばらせなくてもいい。緊張しなくてもいい。これが「ホッとする」感覚なのかと、子供ながらにトト子は思った。父の葬式の出棺のとき、母の背中すらホッとしているように感じられた。

トト子は、父が死んだときの「ホッとした」気持ちを懐かしみながら、夫が投げ出して踏みつけた弁当箱を新しいゴミ袋に入れて、キッチンペーパーでたたきを拭いた。弁当箱の蓋が少し割れただけなのに、玄関にはゴマ油と豚肉のにおいがたちこめていた。

娘は、学校に行くときに、このにおいに気がつくのだろうか。いや、もしかしたら、夫の怒鳴り声を聞いていて、今もベッドの中で耳をそばだてて、肩をこわばらせているかもしれない。夫が死んでくれたら、私はまたあの子供の頃のように、「ホッとする」気持ちを味わえるのだろうか。

弁護士からトト子へ

弁護士の中には、離婚したほうがいいか、しないほうがいいか、という選択に関するアドバイスは絶対にしないという人もいます。しかし私は、選択に関するアドバイスも場合によってはしています。

今回のトト子さんには、「いつか自分から、離婚を目指した具体的な行動を取らないといけませんよ」というのが私のアドバイスです。

トト子さんの夫の行動は、明らかにDVです。トト子さんを直接に殴ったり蹴ったりはしていませんが、怒鳴られたり、料理に八つ当たりされたりするときのトト子さんの恐怖や緊張感は、暴力を直接受けるときの恐怖や緊張感と変わりません。また、トト子さんは、DVの被害者であるにもかかわらず、その原因は自分にあると思い込むようになりつつあります。

しかし被害者がそのような思い込みを深めると、加害者はますます暴力への依存が強くなっていくのです。家庭内での夫婦間暴力の悪循環は、子供さんへの強いストレスにもなります。

トト子さんが、男女の情愛を未だに夫に強く持っている、どうしても今の夫の子供をまだ産みたいということでないなら、離婚を前提に家を出ることを考えてみてはいかがでしょうか。

いずれにせよ一度は家を出て、夫との物理的な距離を取り、自分自身の受けた心の傷を癒やし、子供さんをストレスから解放してあげましょう。

夫が怒鳴るたびに「自分が悪い」と思うのはもちろん本当だったが、きっとこれがDV被害だということも薄々感じてはいた。スマホで見るネットニュースの見出しに「ＤＶ」という文字があると自然とそこに引き寄せられたし、テレビや新聞で「ＤＶ」についての話を見聞きするたびに自分も同じだと思わずにはいられなかった。

だが、仮にこれがＤＶであったとしても、玄関に散らばった弁当の残骸を情けない気持ちで拭き取ることも、ダメな自分の人生としてしっくりくるような気がしているのも本当なのだ。

とはいえ、心のどこかで「このままでは……」という思いがあったのかもしれない。娘に関する手続をするために市役所に行った日、たまたま開催されていた市民弁護士相談に引き寄せられるように立ち寄り、夫のことを相談した。そして案の定、弁護士から夫の行動はＤＶだと言われ、別居を考えるべきだというアドバイスを受けた。

もちろん、すぐに家を出ることはできない。だが、今まで「私が悪い」ということしか思いつかなかったトト子にとって、「自分はここから逃げなくてはいけない」「子供を守るために逃げることは自分にしかできない」と思ってもいいというのは、新しい発見だった。

それからトト子は、夫から怒鳴られるたび、トーストをグシャッと潰されるたび、そして弁当箱を投げ出されるたび、「いつか逃げ出して、ホッとする日」を思うようになっていった。すると、これまで朝、肩をこわばらせてしていたトーストの準備も、耳をそばだてながらしていた弁当の用意も、それほど緊張せずにできるようになった。

とはいえ夫が怒鳴ることに対しては、いつまで経っても平気にはならない。夫が「バカか！」と怒鳴るたびに、心がビクッとなり、両腕がブルブル震えることは今までと変わらない。

それでも「逃げるまでのことだ」と自分に言い聞かせ、その日が来るまで何とか生き延びようと耐えた。

行く先はトト子の実家しかない。

トト子が小学5年生のとき、父の自殺をきっかけに母とふたりで身を寄せた祖父母の家だ。トト子が高校を出るまで過ごしたその家は、祖父が生きている間に大がかりなリフォームをしたが、祖父母も亡くなって、今はトト子の母がひとりで住んでいる。

もしトト子自身を殴る蹴るという暴力を受けたら、すぐにでも荷物をまとめて娘を連れて家を出る決心はついていた。だが、直接的な暴力が振るわれないならば、娘の学校のことや荷物のことなど、ある程度の段取りをつけて、ちゃんと家を出ようと計画していた。小学2年生の娘に、学校を変えさせることだけが申し訳なかった。

3月、夫が1泊2日の社員旅行に出かけた日、トト子はあらかじめ考えていた段取りで、荷物をまとめて娘と一緒に実家に向かった。家を出ることに未練はないが、帰宅した夫が怒り狂う姿を思うと、動悸（どうき）がして過呼吸を起こしそうになった。電話が鳴っていないのに電話が鳴っているように感じたり、乗り換え駅の雑踏で夫と同じ年格好の男性を見かけると夫と見間違え身体が硬直した。

「いつか逃げ出して、ホッとする日」を思いながら夫のDVに耐えていたのに、家を出ただけではホッとはしなかった。

むしろ、今までは怒鳴って料理に手を上げるだけだった夫が、いよいよ身体ごとぶつかるような暴力で飛びかかってくる恐怖を感じながら、トト子は実家に急いだ。今まで、実家が遠いことや田舎にあることを面倒と思ったが、実家までの道のりが不便なことで、夫との物理的な距離ができると初めて感謝した。

トト子は家を出るとき、実家に帰ること、離婚したいということ、子供の学校はちゃんと手続をするので心配はないということを書き置きしてきた。

社員旅行から帰ってきた夫からは、すぐに電話がかかってきた。

トト子は夫に電話で怒鳴られると覚悟をしていたが、夫はそうしなかった。「明日、会社を休んでそっちに会いに行く。本当に実家にいるのか」ということを聞いただけだった。怒鳴られると思っていたトト子は少し拍子抜けをした。

そして翌日、電話の通り夫は実家に来た。

トト子とトト子の母と夫の3人での話し合いになった。娘は別の部屋でテレビを見させた。トト子が言うまでもなく、夫は自分が怒鳴ることや、料理に手を上げることが、悪いことだとわかっていると話した。管理職になった仕事のプレッシャーが、家で暴力の形になっているというような自己分析までしている。

そして「自分が生活を改善するから、帰ってきてほしい」と言った。

トト子は、それについて何とも答えなかった。なぜなら、夫と面と向かって話そうとすると、頬が震えるような喉が詰まるような感覚になり、深く呼吸をしながらただただ嗚咽することしかできなかったのだ。あとで母から夫に「そうだとしても帰るつもりはない」と電話してもらうのが精一杯だった。

母によると、そのとき夫は「今、会社では、結婚や出産で退職した元社員が、契約社員として復職する制度もあるから、トト子も働いてみたらいい」と言っていたそうだ。しかし何を言われても、もう無理だった。

きっと夫なりに、今、反省し、そして二度とこうならないようにと思っているのは本当なのだろう。しかし問題は、これからのことではない。もうすでに、ダメになっているのだ。だから夫が何を言おうとも、もうトト子には無理なのだ。

家を出てたった2日でも、「ホッとする」どころか、夫の影に怯え、夫と対面すると言葉さえ出てこない。トト子は、自分の心と身体が、想像以上にボロボロになっていることを実感した。

もう壊れていたのだ。だからトト子には「帰る」という選択肢は完全になかった。

弁護士からトト子へ

トト子さんに、帰る意思がないのであれば、これ以上形だけの結婚を続けていても意味はありませんから、離婚を考えたらいかがでしょうか。

ただ離婚届による協議離婚を持ちかけても、夫さんは「反省したから帰ってきてほしい」ということを繰り返し、なかなか話もできないでしょう。

そもそもトト子さんも今のボロボロの心と身体の状態だと、夫さんとの話はとうていできないですよね。DVが原因で離婚したいということを明確にして、家庭裁判所に離婚調停を起こして、そこで養育費など離婚の条件を含めて話し合うのが良いのではないでしょうか。DVを原因とする離婚では、夫に慰謝料を請求できる場合も多くなります。

しかし慰謝料について細かく話を詰めようとすると、夫の暴力がどの程度だったか、どのような具体的な精神的苦痛や身体的苦痛があったかなど、具体的な事実の問題が争点になり、言い分に食い違いがあると調停で慰謝料を決めることが難しくなります。

そのためDVを原因とする離婚でも、財産分与である程度の現金を得られるのであれば、慰謝料という形での金銭の獲得にはこだわらないという人もいます。

DV被害者にとって、心の傷をいかに回復させ、そして新しい生活をどのように築いていくかが最も重要です。単に離婚を成立させることだけでは解決しない時間のかかる問題です。

ですから財産分与や慰謝料、そして養育費といった金銭の問題も、また親権や面会交流といった子供の問題も、DV被害者の生活再建の足かせになることがないように、枠組みを決めなければなりません。

トト子は、夫に対する離婚調停を申し立てた。

調停は自分ひとりでもできるといろんなところで言われたが、トト子は、実家で母を交えて夫と話し合いをしたときの震えや嗚咽を思い出すと、自分ひとりでそれができるとはとうてい思えなかった。そこで弁護士に依頼することにした。

調停では、夫は「怒鳴ることや料理に手を上げることはあったが、DVというほどの大きなものではない」と言った。そして離婚に応じるつもりはないという姿勢だった。

弁護士が言うには、夫が頑(かたく)なに離婚に応じなければ、調停を打ち切って、夫に対する離婚裁判を起こすしかない、ということだった。その中でＤＶの具体的内容を裁判官に認めさせて、それが「婚姻を継続し難い重大な事由」となれば離婚を命じる判決になると説明された。

トト子は、「離婚のハードルがこんなに高いのか」と気が滅入り、「やっぱり自分がもっと我慢して、夫のために尽くせば良かったのではないか」という思いが再び浮かんできた。ただトト子の弁護士は、調停で「離婚調停と並行して、夫さんの暴力そのものについての慰謝料請求の民事裁判を地方裁判所に起こしますよ」ということを夫に言ったという。

夫は、民事裁判を地方裁判所に起こされれば、自分も弁護士を頼まざるを得ないと思ったのか、その次の調停期日で、娘の親権者をトト子とする離婚に応じてきた。

しかし養育費は最低限しか支払わないと言う。

トト子は弁護士からの「何としても離婚することが最優先なら、相手が離婚すると言っているうちに離婚を成立させたほうがいい」というアドバイスに従って、最低限の養育費だけを受け取る内容で離婚を成立させた。

弁護士によると、夫名義の預貯金が不明ではあるが、自宅のローンがまだ２０００万円以上残っており、頭金などもすべて夫が出したのであれば、財産分与を細かく詰めても、そこから得られる金銭は乏しいだろうということだった。また、ほぼ手つかずで残っていた結婚するまでの貯金は、財産分与に関係ないトト子自身の財産だという。トト子としては調停が長引いて夫の気持ちがまた頑なになることのほうが怖かったため、この条件で離婚をした。

「いつか逃げ出して、ホッとする日」を思って家を出たにもかかわらず、トト子は、調停が成立し、その後、役所で戸籍の手続をするまで、全く心が落ち着かなかった。家を出た日と、離婚が成立した日と、離婚を記載した戸籍謄本を手にした日と、トト子と夫との物理的な距離は変わらないはずなのに、ホッとしたのは離婚を記載した戸籍謄本を手にした日だった。

「たかだか紙切れなのに不思議でしょう。戸籍って」と弁護士が言ったことを実感した。

弁護士に最終的に支払う成功報酬はトト子が思っていたよりも安かった。「財産分与がないとお金が動かないから、せっかく離婚を勝ち取っても弁護士は報酬をもらいにくいんですよ」とも弁護士は言った。

「先生、ごめんなさい。私が財産分与をしなかったから、先生に迷惑をかけて」とトト子が謝ると、弁護士は「そうやって自分が悪いと思う癖が早く直るといいですね」と笑いながら言ってくれた。

離婚にまつわる用語集 2

▼DV(ドメスティック・バイオレンス)

直訳すると「domestic=家庭内の」「violence=暴力」。家庭内の様々な形態の暴力と考えられるが、近年では「配偶者等からの暴力」という捉え方が一般的。配偶者等には、事実婚、生活の本拠をともにする交際相手(同棲相手)、また離婚した者も含まれる。配偶者からの暴力の防止及び被害者の保護等に関する法律(通称/DV防止法)も制定されている。裁判所がDVの加害者に対して、被害者への接触等を禁じる命令を出すこともできる。

▼離婚届不受理申出

「離婚届(協議離婚)」について、本人の意思に基づかない届出がされても、自ら窓口に出頭して届け出たことを確認することができない限り、届出を受理しないよう申し出るもの。日本の離婚届は窓口での署名の真正の確認などないため、勝手に離婚届を出すことも容易になされ得る。このため、離婚届不受理申出が重要になるケースもある。

▼民法772条(摘出の推定)による無戸籍の子

①妻が婚姻中に懐胎した子は、夫の子と推定する。②婚姻の成立の日から200日を経過したあと、または婚姻の解消若しくは取消しの日から300日以内に生まれた子は、婚姻中に懐胎したものと推定する。とされる民法722条(摘出の推定)。これにより、血縁上の父親が別にいた場合も、市区町村の戸籍窓口は、元夫を父としない出生届出書は受理できないため、子の父欄には、元夫の名前を記載するよう促される。元夫との婚姻時

の婚氏が夫のものである場合、子は元夫の戸籍に入ることになる。このようなことも要因となり、母親が出生届を出せず、子が無戸籍状態になってしまうケースが発生している。

※2019年法務省の研究会は「嫡出の推定（民法772条）に関する見直し案を公表。右記②の現行規定に関する見直し案が提示されたほか、以前より不公平性が指摘されていた、女性は離婚後100日間再婚できないとする規定も不要とされた。

▼協議離婚

裁判所を利用せず夫婦の話し合いで成立する離婚のこと。話し合いがまとまれば、離婚届を市区町村に提出するだけで離婚が成立する。協議離婚は、離婚届の提出により有効に成立するとされており、法律上も特に理由による制限は定められていない。

▼離婚調停

相手が離婚に応じない場合、家庭裁判所に調停の申し立てをして離婚を目指す。このとき、家庭裁判所において調停委員関与のもと、離婚について話し合いをする手続が離婚調停。あくまでも話し合いの場なので調停の中で双方が離婚に合意したときだけ調停離婚が成立する。合意に至らなければ、調停は不調となり離婚しないまま手続が終了する。

▼調停委員

調停に「一般市民の良識を反映」させるため、「社会生活上の豊富な知識経験や専門的な知識を持つ人」の中から選ばれる。裁判所ホームページによると〈具体的には、原則として40歳以上70歳未満の人で、弁護士、医師、大学教授、公認会計士、不動産鑑定士、建築士などの専門家のほか、地域社会に密着して幅広く活動してきた人など、社会の各分野から選ばれています〉としている。

▼審判・審判離婚

離婚調停が不成立のケースで、離婚調停での話し合いの内容を含め、そのほか一切の事情を考慮して裁判官の判断で認める離婚。審判での決定は、裁判での判決と同じく法的拘束力がある。審判離婚を行うかどうかの判断は裁判官にゆだねられ、審判離婚が妥当だと裁判官が判断した場合のみ、審判を下す。ただし実務においては、話し合いが平行線で全く合意にも至らない中、裁判官が審判離婚の判定を下すことは、ほとんどない。

▼裁判離婚・和解離婚

離婚調停が不調となった場合、離婚を求める側は判決での離婚を求めて離婚訴訟を提起できる。家庭裁判所での訴訟手続の結果、裁判官が離婚を認める判決を出すと裁判離婚となる。ただし裁判の過程で離婚の話し合いが整えば判決にまで至らず、和解離婚となる。

▼家庭裁判所

離婚や親子関係など家庭に関する事件の調停や少年事件などを主に担当する裁判所のこと。略して「家裁（かさい）」とも呼ばれる。全国47都道府県庁所在地と函館、旭川、釧路の計50か所に設けられているほか、地域の主要都市に支部、出張所がある。

▼夫婦での話し合いから離婚までの流れ

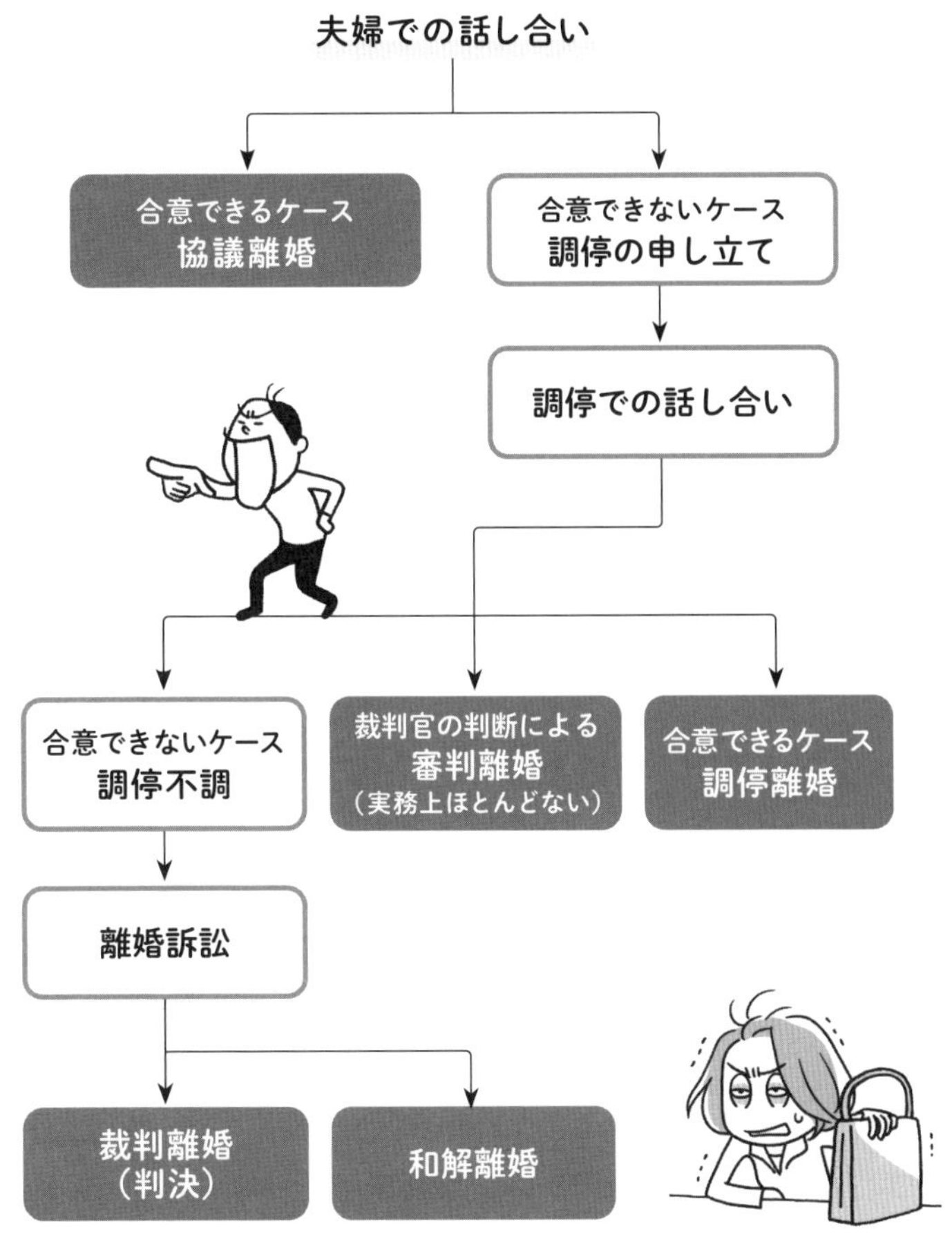

ケース6

「夜の生活」を求め続ける、老齢の夫への嫌悪

クス子の問題

カバン工場の製品梱包のパートとして働く63歳。長男、長女は成人し家を出て、定年退職した6歳上の夫とのふたり暮らし。これまでの生活に大きな不満はないが、今でも月に数回求められる夫との夜の生活に苦痛を感じている。一緒に寝ると思うだけで心がこわばり、夫が気持ち悪い存在でしかなくなっている。そんなとき「離婚できたら」という言葉が頭に思い浮かぶようになる。

クス子は63歳。6歳上の夫は、65歳で会社を退職してから、約4年ずっと家にいる。夫にはこれといった趣味はないが、本を読んだり、図書館に出かけたり、自分の好きなことに時間を使っている。

クス子はというと、子供たちが手を離れた40代の後半から近所の人に誘われてカバン工場の製品梱包のパートを始め、今も働いている。定年は特に決まっていないが、一緒に働く主婦の多くは65歳でパートを辞める。それまでにクス子はあと2年ある。

クス子は21歳で夫と結婚した。母方の叔父が取引先の会社で働いている東北出身の夫をクス

子の両親に紹介し、食事会のようなものを経て結婚が決まった。正式な仲人はいなかったが、見合い結婚だと思っている。結納金がどうだったのかは親任せで覚えていないが、神社で挙げた結婚式や中華レストランでの披露宴の費用は、夫の両親が出したと記憶している。

夫の実家は東北の水産物加工の工場を経営し、そこは夫の長兄と次兄が継いでいて、夫の両親の面倒は兄たちが見てくれていた。子供たちの入学や卒業、そして結婚という節目では夫の両親はクス子たちの家まで来てくれたが、三男坊であるクス子の夫は、結婚したあとも盆暮れ正月にクス子や子供たちを連れて実家に帰るだけだった。

クス子は結婚して2年目で長男、4年目で長女を産んだ。長男は大学卒業後、就職して家を出て転勤族になったので家に帰る様子はない。長女は短大を出たあと家から勤めに出ていたが、夫が定年退職した年に、自分で見つけた相手との結婚のため家を出た。長女が家を出てからクス子は夫とのふたり暮らしとなった。

クス子には苦手なことがある。夫との夜の生活だ。夫は今でも月に数回、夜の生活を求めてくる。クス子は、その短い時間、目を閉じて時間が過ぎるのを待つ。暴力を振るわれるわけでもない。身体を痛くされるわけでもない。それでもクス子は夫の身体が自分の肌に触れる感触を気持ち悪いと感じる。結婚した頃は、子供を作るためにはしなければならないと思い、夫のする通りにした。ただ夫は子供が生まれたあともクス子に夜の生活を求めてくる。クス子は若いうちは男の人はそういうものだろうと考えていた。いつか夫も中年になりそういうことをしない年齢になると思い、終わりの時期を待っていたのだ。ところが50代になっても、60代になっても夫は変わらなかった。

クス子は風呂上がりの夫のシミのある背中、毛の生えた首筋、胸のホクロ、腹のたるみなどを目にするだけでも夜の生活の気持ち悪さがよみがえり、顔がこわばり食欲がなくなる。「早くシャツを着てよ」と声をかけることすら、気持ち悪さから喉が詰まる。少しでも早く夫の裸が隠されるようにという思いから、夫が風呂に入るとすぐに下着などを風呂場のドアの前にわかりやすく置き、風呂場から出た夫が衣類に必ず気がつき、着替えをしないまま部屋を歩き回らせないようにするほどだ。

夫は両親に似て言葉数は少ないが生活に必要なことはちゃんと話してくれる。長男、長女の家族のこと、世の中のこと、クス子のパート先でのたわいもない出来事をふたりで笑って話すこともある。だがクス子は夫と夜の生活のことを話したことがない。明かりがついているうちから夜の生活の話をクス子から夫にするのは、ふしだらな気がしている。テレビに男女の関係を想像させるシーンが映るだけでも夫の顔を見ることができないのだ。

男女の関係というのは夫婦間では当たり前にすることだとはクス子も知っている。だから結婚して子供を持った。だがそれは60代の夫婦になってもしなければならないのだろうか。夫の顔を眺めると夜の生活の気持ち悪さが心に浮かび、こんなことに悩む自分がおかしいのだろうか、という気持ちにもなる。夫が退職し家にいる時間が長くなるとパートのシフトを多めに入れるようになった。

クス子の人生にとりたてて不幸はなかった。夫の稼ぎは安定し経済的に困らず、子供たちにはそれぞれ望む進学をさせてやることができた。夫から手を上げられたこともなければ、家事や育児への不満や苦言を受けることもなかった。子供たちが小さかった頃の誕生日やクリスマス、里帰りの家族旅行は家族団らんの良い思い出となっている。だが、夫婦ふたりの生活になった今、夫の存在は夜の生活の気持ち悪さを際立たせるものでしかない。

パートが終わり家に帰り、夕食の支度をして夫と食べる。夫が先に風呂に入って、そのあとにクス子が入る。夫が見ているテレビのニュース番組の終わりが近づくと、「また並んだ布団に寝なければならない」と心がこわばり始め、こんなことを気にする自分への情けなさに息が詰まる。そんなときクス子の頭には「離婚できたら」という言葉が浮かぶ。

弁護士からクス子へ

目の前の生活が何となく流れていく中で「嫌だ」という感情を我慢して誤魔化してやり過ごしている人が多いように思います。また、夜の生活のことを初対面の弁護士に話すことの躊躇(ちゅうちょ)や、そもそも夜の生活のことが弁護士へ相談すべき法律問題なのかという先入観を持っている人も多いものです。ですから、クス子さんのような人が相談に来ることはまれです。

ところが実際に離婚の相談に来た人から「結婚した夫婦が夜の生活をするのは『当たり前』なのに、それを苦手だとか気持ち悪いだとか思う自分のほうがおかしいのでは」とクス子さんのような感情を聞かされることは少なくありません。たしかにテレビのワイドショーや週刊誌に出てくる有名人の離婚は、不倫で裏切られたとか、借金を抱えてとか、そうでなくてもお互いの生活のすれ違いとか、目に見える形がある理由ばかりです。やっぱり特別な離婚の理由がないと離婚はできないのでしょうか——。

結論から言うと、特別な理由がなくても離婚はできます。離婚に必要なのは、離婚という結論をふたりが受け容れ署名押印した離婚届の紙1枚、それを役所に出すことだけです。「私はあなたの髪型が嫌いで離婚したい」「うんわかった。それなら離婚しよう」と夫婦がふたりで書いた離婚届を役所に持って行ったとしても、窓口で「そんな理由じゃ離婚は受け付けないよ！」と言われることはありません。離婚はどんな理由でも、いや、理由なんてなくてもふたりが離婚したいと思って、それが合致すればいつでもできるのです。

ですから「離婚できたら」が頭に浮かんだときは、離婚の理由なんてとりあえずはよそに置いておいて、まずは「離婚すれば自分の生活はどうなるのか」、そして「相手はそのための離婚に同意してくれるのか」を考えることを優先したほうが良いのです。3か月後、半年後、1年後の未来にいる「離婚した私」を思い描いて、そこにどうすればたどり着けるのかを考えましょう。『離婚は、未来の私のシアワセの第一歩……ありがとう、弁護士さん』なんてキャッチコピーを日弁連（日本弁護士連合会）の広報室にプレゼンしたい気分です。

「でも、ちょっと待って。よく『不倫したら即離婚』とか『別居○年で離婚できる』とか、巷（ちまた）では離婚するためには条件が必要と言ってるじゃない。あれはどういうことですか？」という疑問、ありますよね、わかります。ここで言われる「不倫したら即離婚」「別居○年で離婚できる」というのは、いずれも裁判離婚で意味を持ってくる話です。

離婚には、協議離婚、裁判離婚、調停離婚、審判離婚……と種類があるのですが、さっきから私が話をしている理由無制限の離婚届の離婚、つまり理由なんてなくても離婚できるというのは協議離婚という種類の離婚です。これは民法763条という法律に書いてあります。「夫婦は、その協議で、離婚をすることができる」とあり、要するに話し合いさえ整えば、いつでも離婚ができることが保障されているのです。未成年の子供がいる場合は、離婚について話し合いが整っても子供の親権者をどちらに定めるかの話し合いが整わない限り離婚届は出せませんが、それでも離婚のための特別な理由が必要なわけではありません。

このように話し合いによる簡単な手続で離婚ができることもあり、日本全体の離婚のほとんどがこの協議離婚です。ワタシから離婚したいと伝えられたアナタが自分も離婚したいと応えれば、離婚届による協議離婚は成立です。

しかし、そうではない離婚したいワタシと離婚したくないアナタの場合、どうすれば離婚できるのでしょうか。離婚したいワタシがあきらめるということは、離婚したい気持ちを我慢して抑えこむということです。でも、離婚したい気持ちが我慢できないほどに切実で、離婚できないと考えるだけで心も暗くなり身体も重くなるような場合、離婚したいワタシにとって、心が死ぬのが先か、身体が死ぬのが先かの結婚生活の続行となります。

それでは離婚したくないアナタが「わかった、離婚しよう」となるまで死にそうな思いで説得するしかないのでしょうか。離婚したくないアナタを抑えこんで強制的に離婚させてくれる誰かはどこかにいないのか……。そうです、そういうときの誰かが裁判所なのです。

裁判所が判決で「ワタシとアナタは離婚しなさい」と離婚を命令する判決を出し、その判決が確定すれば、いくらアナタが「離婚したくないー！」と役所の入り口で駄々をこねて騒いでも、それを抑えて離婚が成立します。

しかし裁判所は離婚したいワタシの気持ちも、離婚したくないアナタの気持ちも、どちらもひとりの人間の感情として平等に扱います。そうそう安易に「アナタの気持ちは、たいしたことなぃ。ホレ、我慢しなさい」と言うことはできません。だから法律は裁判所が軽はずみに離婚判決を出さないよう、法律が定める特別な離婚の理由があると裁判所が判断したときだけ離婚の判決が出せるとしています。巷でよく言う「不倫したら即離婚」とか「別居○年で離婚できる」というのは、いずれも裁判で離婚するための特別な理由の話です。

しかも法律は強制的な裁判離婚には慎重です。離婚を求める裁判を起こすために、まずは裁判所で離婚について話し合う離婚調停をすることを原則として求めます。離婚調停の話し合いでもどうにも解決ができないときだけ、離婚したいワタシが原告となり、離婚の裁判を提起することができるのです。

離婚したいワタシたちなら離婚届を出しさえすれば明日にでも離婚できるのに、たとえ50年間別々に暮らしていたとしても、離婚したいワタシと離婚したくないアナタの組み合わせとなってしまえば、離婚調停、離婚裁判という長い道のりを経てしか強制的な離婚にはたどり着けないということです。

クス子の性格では、理由も告げずに「とにかく離婚したい」と夫に言うことはとてもできなかった。かといって夫に面と向かって夜の生活の話をすることもできない。このまま自分が、我慢をするよりほかないのかという思いだった。弁護士が言った「心が死ぬのが先か、身体が死ぬのが先か」という言葉が胸に突き刺さった。

クス子にとって夫は、生理的な気持ち悪さを感じさせるだけの存在となってしまったが、夫はクス子がそのように感じていることに、恐らく気づいていない。夫が夜の生活を求めてくるたびに、クス子の身体の中に夫の気持ち悪さがドロッとした膿のように溜まっていく。

しかしクス子は思う。夫は悪人なのだろうか。たしかにクス子は夫に傷つけられているが、夫は相手が傷ついていることを知ってもなお人を傷つけ続けるような品性を欠く人間ではない。「夫婦なんだから、そういうのは当たり前」「60代でもするのがおかしいって誰が決めたの？」と夫をかばう人が現れたとき、クス子はそれでも夫を責められるだろうか。

「心が死ぬのが先か、身体が死ぬのが先か……」その言葉を心で反芻する日々が続く中で変化が訪れた。実家でひとり暮らしをする80代のクス子の母が転倒し、介護が必要になった。クス子はカバン工場のパートを減らし、母の介護をすることにした。10年前に父が亡くなってからも衰え知らずの母は80歳を超えてもしっかりひとりで暮らしていた。クス子は母の健康に甘えて、実家のことは「そのときが来たら」と先送りにしていたのだ。

実家は2駅先なので介護は日帰りで十分だったが、慣れない介護で身体が疲れていたのか、ある夜、ベッドで先に眠った母のいびきを聞きながら、朝まで床で眠ってしまった。布団も敷かずに明かりをつけたまま寝たのにぐっすり朝まで眠っていた。明け方、クス子は少女だった自分が母の足にまとわりついて遊んでいる何十年も時代を巻き戻した夢を見て目が覚めた。母のベッドの横でなら、クス子は右にも左にも寝返りを打てた。母のいびきも気にせずに目をつむることができた。家で寝るときは夫が寝ている左側の掛け布団の端を手でギュッと握るのが癖になっている。そして夫の寝息が聞こえるまで目をつむることもできない。

クス子は夫に申し訳ないと思ったが安心して眠りたかった。夫には「母のために介護に専念したい」と実家で暮らすことを伝えた。言葉数の少ない夫は特に不満は言わず「困ったことがあったら連絡する」「何かあったら連絡して」とだけ言った。

クス子は初めて「あぁ、優しい夫と結婚できて良かった」と思えた。離婚しなければ「心が死ぬのが先か、身体が死ぬのが先か」と刺さっていた心の棘が、ほろりと抜けた気がした。

ケース7 うつ病で失職した夫と息子を養う、キャリア妻の屈託

ザラ子の問題

書籍流通会社の営業職。京都で過ごした大学時代に出会った夫との授かり婚で長男を出産。ザラ子の産休と育休中に大手商社に勤務する夫も1年間の育休を取得した。しかし、うつ病を発症していた夫は、復職せずそのまま退社し、専業主夫となって、6年経過。家族を養う大黒柱のプレッシャーと仕事を探す気のない夫の姿に、離婚の文字がザラ子の頭をよぎる。

ザラ子は書籍流通会社の営業職。全国展開している大型書店の担当だ。出版不況とは言われるが、世の中には次から次へと新刊本が発表され、仕事が暇ということはなかった。新しい本のタイトルが文字で届き、実際に装丁された本を帯とともに手に取る。出版社からはチラシなど営業の情報が届く。そして本を書棚に並べる書店から、追加注文や返品の連絡が入る。

ザラ子が仕事で手に取る本の情報は、その瞬間その瞬間の社会を映し出していた。ザラ子は、この仕事が好きだった。

　結婚して、長男を妊娠・出産後は、育休をめいっぱい使うことも考えたが、運良くすぐに保育所に子供を預けられたので、思い切って早めに職場復帰した。育休を早めに切り上げて、時短ながらも働く中で、ザラ子はますますこの仕事が好きだと思った。

　名古屋出身のザラ子は、京都の女子大に進学し、京都で下宿生活を送った。

大学2年生のとき、同級生に誘われて、京大の男子学生との合コンのような形で祇園祭に繰り出した。

　夫はそのとき一緒に行った京大生のひとりだ。ひと学年上とはいえ、当時夫はまだ21歳だった。東京の有名私立高校出身の夫は、「東大は勉強しかできない奴が行くところだ」と、自分は違うのだと言いたげだった。そして夫は物怖じしない強気な振る舞いをしつつも、細かく人を見て周囲に対する気遣いもしていた。

　ザラ子は「こういう京大生と付き合いたい」と思ったが、ザラ子を祇園祭に誘った同級生も、夫を狙っていた。その同級生はひとりだけ浴衣を着て、いかにもシナを作った上目遣いで、夫の気を引こうとしていた。ザラ子は焦るというより、イライラした気持ちになった。

　祇園祭の翌週、ザラ子は自分から夫を誘った。まだＬＩＮＥはない時代、ガラケーのメールで「京大の学食でご飯を食べてみたい」というようなメールを送ったと思う。

　当たり前だがザラ子の目的は学食ではない。夫だ。ザラ子は、夫と学食で食事をしたあと、そのまま京大近くの夫の下宿に行き、その夜のうちに関係を持った。

夫はありきたりの男じゃない風を装いながらも、関係を持ってしまえばザラ子を恋人として扱うありきたりな男だった。ザラ子にとっては、その安全パイが予想通りで良かった。ザラ子はそこから夫一筋で、ふたりは恋人同士のまま学生時代を終えることができた。

ザラ子が大学4年生になるとき、ひと学年上の夫は大学を卒業した。大手商社に就職し、東京本社の勤務となり、東京を拠点に地方や海外に頻繁に出張する部署に配属された。

ザラ子は夫との将来、結婚して子供を持つことなどを考えて、女性が多く働いていて、勤務地が東京に限られる会社に絞って就職活動をした。夫と違って大学のネームバリューはなかったが、「本が好き」ということをアピールしたところ、今の会社からすぐに内定をもらえた。

そして就職して2年目、ザラ子は妊娠をきっかけに結婚した。

とりあえず同棲（どうせい）とか、事実婚で夫婦別姓とか、子供は30代になってから計画的にとか、ザラ子はいろいろ考えた。だが、夫はザラ子が妊娠でもしない限り、同居にも結婚にも踏み切らないように思えたので、ザラ子は「授かり婚」を選んだ。

ザラ子の会社は女性社員の先輩が多く、産休や育休を取得することが企業風土として定着していたため、問題なく産休に入り長男を出産した。

産休中、久しぶりに自分の読みたい本をたくさん読んだ。仕事の都合からビジネス本や自己啓発本、テレビタレントのエッセイなども、目を通すようになっていたが、ザラ子自身の本の趣味は学生時代から変わらない。女性作家の書く小説、自立した都会的な女の恋愛小説が好きだった。好きな本をむさぼるように読みながら、あらためて自分は「本が好き」で、本の業界に就職したことを良かったと思った。

出版社で働くのとは違い、本ができあがってからそれに触れる今の仕事は、新しく本を作るプレッシャーがないという点でも、ザラ子には相性が良かった。

育休を早めに切り上げて職場復帰する気になったのは、産休の間、学生時代のように本の楽しみにどっぷり浸っていたからかもしれない。新卒の新人のような気持ちで、育休明けの仕事復帰ができた。

職場復帰後は、時短勤務をできるだけ使い、保育所の子供の送り迎えもザラ子がするようにした。仕事の総量はどうみても夫のほうが多く、地方や海外への出張もあった。夫は育児に非協力的ではなかったが、「男女平等」の形のために、夫に保育所の送り迎えをしてもらうのは、かえって非効率だ。ザラ子の仕事の行動エリアは、自社か担当エリアの大型書店かしかない。保育所の送り迎えだけでなく、子供の急な発熱などにも対応しやすかった。

ところがあるとき夫が、「せっかくだし自分も育休を取ろうと思う」と言い出した。

ザラ子は夫も自分と同じように仕事を楽しんでいると思っていたので、「いいの？　そんなに長く仕事を休んでも平気なの？」と聞いた。夫の会社は大手商社で、何かと制度は整っている。育休を取ったからといって、急に家計が苦しくなることはなかった。

ただ夫の会社は、「男性社員は育休を取らない」というのが暗黙のルールと聞いている。夫は、「京大卒で25歳で『できちゃった婚』した俺だからこそ、風穴を開けるのにちょうど良いだろう」と言った。

ザラ子は相変わらずの夫の言いぐさに、この夫が息子を育てたら面白い男の子に育つのではないかと、その提案に乗ることにした。夫は会社の制度をめいっぱい使い、1年間の育休に入った。ザラ子はその分、フルタイムへと戻し、もはや産休前と変わらない状態で仕事をするようになった。

ところが、夫は1年間の育休が明ける直前、職場復帰の話をしに出社したと思ったら、そのまま会社を辞めてきた。

「育休を取った男性社員の見せしめのパタハラ（パタニティー・ハラスメント）で、辞めるように迫られたの？」

ザラ子でなくても、誰もが最初にそう思うだろう。しかしそうではなかった。男性社員で育休を取った夫への風当たりは強かったが、夫の直属の上司はそれを理解してくれて、職場復帰の予定を組んでくれていたそうだ。

「自分でもう無理だと思った」と夫は言った。ザラ子が産休に入る頃、つまり結婚生活に入ってすぐに夫は心の調子が悪くなり、ザラ子には言わずに医者に通っていたというのだ。

会社に行くと動悸がして、震えが止まらなくなることもあった。自分で自分に「落ち着け」と言い聞かせることに気を取られていると、今度は仕事に集中できず、出張の予定をすっかり忘れて人に迷惑をかける大きな穴まで開けていた。それでも医者の診断は軽い「抑うつ状態」で、症状が悪いときだけ飲む頓服薬（とんぷくやく）を処方されたという。出産を控えたザラ子には心配をかけてはいけないという夫なりの気遣いで、それを言えなかったらしい。ただ、夫の様子を心配した直属の上司が、「療養を兼ねて気分転換に育休を取ってみては」と勧めてくれたのが今回の育休だったのだ。

そんなことになっていたとは――。

ザラ子は夫を強い人間だと思っていたので、自分のその思い込みも夫へのプレッシャーになっていたのかと少し反省した。そして保育所に入所したとはいえ、育児は育児で重労働だ。夫は男だから母乳も出ない。育休は夫にとっては「療養を兼ねた気分転換」ではなかっただろう。ただ夫曰く、「育児は死ぬほど大変だったけど、仕事よりはずっと心が落ち着いた」ということだった。

ところが夫は育休からの復帰の予定について、上司とメールをしているだけで自分の頭の中に次から次へとスケジュールが書かれた付箋が貼られていくような気持ちになって、また動悸がして震えが止まらなくなったという。「このまま職場復帰しても、仕事を十分にはできない」と判断し、「会社を辞めることにした」ということらしい。

ザラ子は、「勝手に相談もせずに決めて」と一瞬は怒りに似た感情が浮かんだが、相談されても「とりあえず会社を辞めるしかないね」としか言えなかっただろうから、その感情をぐっと飲み込んだ。

かくして夫は失業し、専業主夫となった。ザラ子が働いているので贅沢をしなければ、生活は何とか回る。夫が失業したのだから保育料はグンと下がると期待したが、ザラ子の年収だけで計算しても保育料は全く安くはならなかった。

ザラ子と弁護士の会話

弁護士「夫が『うつ』から回復しないので、離婚したいということですか?」

ザラ子「そう言葉にすると、すごく抵抗があるのですが、まぁ。ただ誤解されたくないのは、夫の体調を責めるつもりはないんです」

弁護士「そこは誤解していません。大丈夫ですよ」

ザラ子「このまま夫が『うつ』から回復しない状態で、ずっと専業主夫をするとなると、私が外で働いて稼ぐ大黒柱っていうのは、正直、私は『逃げられない』ような気になって」

弁護士「逃げられないっていうのは、夫さんから?」

ザラ子「夫から逃げたいわけではないんですが。仕事の選択の自由とか、自分自身の自由とかがないまま、夫が回復するか、子供が大きくなるか、どちらかを待つしかないのかと」

弁護士「転職も考えているのですか?」

ザラ子「それもあります。実は出版社への転職の話があって、新興の出版社ですから転職を選ぶことは、私にとって賭けになります」

弁護士「収入は増えるのですか?」

ザラ子「うまくいけば増えると思いますが、私にとっては初めての仕事ですし、本当に賭けです。安定という点でいえば今の仕事を続けるほうが、ずっと安定しています」

弁護士「夫さんのことがその決断の足かせになっている?」

ザラ子「なっていると感じてしまって。だってもう6年なんですよ!」

弁護士「おっしゃってましたね。子供さんも小学校に入ったと」

ザラ子「最初は子供が3歳くらいになったら、夫も就職活動をするなり何か仕事をすると思っていました。でも、もう何だか専業主夫が当たり前のようになって」

弁護士「でも、お医者さんへの通院も、続いているのですよね？」

ザラ子「はい。でも、今になっても定期的に飲む薬は出されていなくて、しんどくなったときの頓服薬も家に山ほど余っています」

弁護士「夫さんと話し合いは？」

ザラ子「それが、仕事への復帰の話をしたら、夫がビックリするくらい落ち込んだ顔をして、そんな人じゃなかったと思うくらい。それでもう、夫に『仕事は？』って言えなくなってしまって」

弁護士「ただ、だからといって今日は具体的に離婚したい、って相談でもないのですよね」

ザラ子「それは、はい。ただ自分なりに法律を調べてみると、『配偶者が強度の精神病にかかり、回復の見込みがないとき』に離婚ができると書いてあったので、もし私がこれ以上はもう無理！　ってなったら、離婚できるのかなと」

弁護士「申し訳ないですが、それは法律のつまみ食いですね。ザラ子さんが夫さんの『うつ』を理由にした離婚は、難しいですね」

ザラ子「そうなんですか」

弁護士「さっきザラ子さんがおっしゃった、『配偶者が強度の精神病にかかり、回復の見込みがないとき』というのは民法770条の1項4号に記載されています。ただこれは裁判所が判決で強制的に離婚させる場合の理由を書いている条文です」

ザラ子「裁判所が、判決……」

弁護士「裁判所が判決で強制的に離婚させる場合というのは、夫婦の一方が『離婚したい』と言って、でももう一方が『離婚は嫌だ』と言っている。でも、話し合いも整わない状況で、『離婚したい』と言っている側が、『それなら頼むから私たちを離婚させてくれ』と裁判を起こすほどの場合です」

ザラ子「よっぽどの場合ですね」

弁護士「だから判決で『離婚しろ』と命令するのは、裁判所にとっても『よっぽどのこと』という意識があります。もうこの夫婦は強制的に引き離すほうが、その人たちのためにもなるし、無理に結婚させておくほうが良くない……くらいの裁判官の人としての価値判断も、当然に出てきます」

ザラ子「それじゃあ、私たち夫婦の場合は無理ですね」

弁護士「そうですね。しかもこの民法770条1項4号って今の時代に読んでみると、その書き方そのものが精神疾患に苦しんでいる人やその家族に対する差別的なニュアンスをも感じさせるものですし」

ザラ子「私もネットで法律の条文を見つけたときに、『ええっ？　この表現が新刊本なら編集者はこの表現をチェックしなかったの？』って職業的に思ってしまいました」

弁護士「だから、実際の裁判で、民法770条1項4号を理由にした離婚を請求することは、ほとんどないと言ってもいいくらいです」

ザラ子「わかりました。法律の問題として、私の言い分では離婚をすることは難しいということですね。ただ本当に誤解しないでほしいんです」

弁護士「……？　何を？」

ザラ子「私は、夫の『うつ』を責めるつもりはないし、夫のことが疎ましいとかではないんです。夫が仕事でそれだけプレッシャーを感じていたことに、学生時代から付き合っていたのに気づかなかったことも悪いと思っているんです」

弁護士「そこは誤解していませんよ」

ザラ子「ただ、私もやっぱり自分が大黒柱で、自分だけの収入で夫と息子を養うって思うと、これから大丈夫かなって。私もプレッシャーなんです」

弁護士「はい」

ザラ子「そう思うと、前みたいに仕事をただ楽しいと感じられなくなって。出版社に転職しても、その仕事が自分に向いているのか、不安があります。ですが、会社が大きくなれば収入も増えるだろうし、と転職の話にも心がなびいて」

弁護士「弁護士に相談することとはちょっと違うかもですが」

ザラ子「ですが、『離婚する』っていう選択肢がないのか？　と思って、相談予約しました」

結局、ザラ子は転職はしなかった。

自分が出版社の編集の仕事をこなせるか不安をぬぐいきれず、特に親しい付き合いがある人から声をかけられたという話でもなかった。

一方、今の会社でこのまま真面目に働けば管理職になることも、現実味を帯びてきた。女性が多い会社で、先輩も同期も後輩も産休や育休をうまく取って仕事を回していた。だが、その分女性社員の出世は遅いように思われた。産休も育休も取らない男性社員を平均速度とすれば、その両方を取る女性社員の速度はその2分の1くらいのイメージだった。

そんな中で育休を一度は取ったが早めに職場復帰をし、夫が育児を引き受けているので時短も早退も少ないザラ子は、男性社員とほぼ同じ平均速度で仕事の幅が広がっていた。

あるとき後輩の女性社員が産休から育休に入った。ザラ子はその後輩の育休復帰後にふたりで組んで、仕事をすることを予定していた。ところが復帰直前にその後輩から、「2人目ができたので育休を延長して、産休に入らせてください」というメールが届いた。「育休からの産休？」とザラ子は何とも言えない気持ちになった。

今の時代は産休も育休も当たり前だ。ザラ子自身も産休も育休も取った。何よりも少子高齢化だ。子供を産みやすい環境、子供を産んでも働きやすい職場、それが大事なのはザラ子も頭ではわかっている。ザラ子だって結婚して子供を産むことを考えて、産休と育休制度が整っているこの会社に就職した。育休復帰予定の後輩が抜けた穴は、ザラ子ひとりで埋められる。その分ザラ子の仕事の幅は、平均速度以上で広がり、もしかしたら同期の男性社員よりも、出世が早まるかもしれない。それでも育休から2回目の産休に入りたいとメールで伝えてきた後輩に対して、素直に「おめでとう」という気持ちになれない自分がいた。

いつの頃からかザラ子は昔のように仕事を楽しいと思えなくなっていた。次から次へとやってくる新刊本のタイトルも、書店からの注文も返品も、「ふーん」という感想になった。

「そうか！　今、世の中はこんな風になっているんだ」というワクワクした気持ちを、「来月の新刊本」のリストに抱くことはない。そんなことより、子供が夏休みに入ると家族旅行を兼ねて、ザラ子の名古屋の実家に帰る算段をしなくてはならない。家族旅行まで窮屈な思いはしたくないから、残業代で稼いで新幹線はグリーン車に乗りたい。

「私は家族を養うために仕事をしているんだ」

いつしかザラ子の心の中の口癖になった。

ザラ子は夫に名古屋までの新幹線はグリーン車に乗ろうと言った。しかし夫は、「お金がもったいない」と言って、3列並びの普通席を取った。富士山も見えない窓側の座席の息子は、熱海（あたみ）を過ぎたあたりから長い長い静岡県をくぅくぅと眠って過ごした。まだ小学生だ。

ザラ子と夫は横並びに座り、久しぶりにとりとめのない話をした。学生時代から夫のことを「好き」と思う気持ちは変わらないし、とりとめのない話は楽しかった。

ザラ子は何となく後輩の女性社員が、育休を延長し2回目の産休に入ることを「どうかと思う」と夫に話した。すると、「それってオッサンと同じ目線だね」と夫に言われた。

「俺はさぁ、商社に入ったとき、オッサンの中でも俺だけはオッサンにならずに、仕事の内容だけで勝負して、やっていけると思ったの」「でも、無理だった。ホント、オッサンにならないと会社では出世しないいんだって、学生のときに読んだ就活本に書いてある通り、会社は本音と建前でできてるんだと思った」「それで、嫌だなーと思ったら、身体のほうから壊れてくれたよ。で、オッサンにならずに辞められたけど」

ザラ子は、夫が笑いながら何年も前の、わずか数年間だけの会社員時代の話を、「さも大きな苦労」のように話したことに無性に腹が立った。

「いいじゃない。あなたは辞められたんだから」「私だって、本当は後輩の女の子に優しい気持ちになりたいのよ」「誰のせいで後輩にアタリがキツいキャリア妻に私がなったと思う？」「何で私は、辞めたいときも仕事を辞められなくなったと思う？」「だいたい誰のお金でこの新幹線に乗ってると思っているのよ！」

電車の中だから大きな声は立てられなかったが、強い口調で、ザラ子は言った。

……言ってしまった……。

ザラ子は自分がこんなにまで夫にキツいことを言うとは、思ってもみなかった。

「ごめん……」

謝ったのは夫のほうだった。傷つけたのはザラ子のほうなのに。

だがザラ子はずっと我慢していた。夫が会社の組織のオッサン競争からいち早く抜け出せたのも、家族を支える働き手としてのザラ子がいたからだ。なのに夫は、家族のために必死で働くザラ子のことを会社員時代に見ていたオッサンに重ね合わせて笑ったのだ。やっぱり夫のほうが謝るのは当然だと思い返した。

たしかに今、ザラ子が言ったことは言葉のＤＶだ。よその夫婦で夫が妻に同じことを言ったなら、早晩妻は子供を連れて家を出て、弁護士から離婚を求める内容証明郵便が夫のもとに届くだろう。だがザラ子の夫はそれはしない。

学生時代、関係を持ったことに操を立てて恋人になった夫。息子を妊娠したら責任を取って婚姻届にサインをした夫。

ザラ子が働いて家族を養う大黒柱になっていることを、夫が感謝しているのは伝わっている。祇園祭の日、恋に落ちたザラ子は、今も夫のことが好きだ。

だが好きな気持ちは、歳を取るごとにどんどん薄まるばかりだ。そしてその分、夫への苛立ちがクックックッと煮詰まっていく。夫の無邪気な笑顔が視界に入ると、クワッとザラ子の心は揺さぶられるが、夫に身体を預けてすやすや眠る息子を見ると「我慢しなければ」と思う。ザラ子は自分がいつまで我慢できるかはわからない。だが、今は我慢する。

「私も言いすぎたわ」

ザラ子はそれだけ言って深呼吸をして目をつむり、名古屋まで眠ったフリをしてやりすごした。

ケース8 義理の両親と同居するこの家で、子供は作れない

サイ子の問題

50代にさしかかるサイ子は、商業高校から新卒で入社したメーカーの営業所事務員として今も働く。25歳で地元の国語教師の夫と見合い結婚。義父母との同居生活を始めるが、同居の家での夫婦生活が苦痛となり、家を出る。夫とはそれ以来、互いに連絡を取ることなく、22年の時が経過する。子供はいない。

今年の夏、父の十三回忌だからと、母がひとりで暮らす田舎で、久しぶりに家族が一堂に会した。サイ子ら3人姉妹と母はそれぞれ仲が良かったので、かえって全員一緒に集まることが少なく、集まっても誰かが歯抜けだったり、誰かと誰かのふたりだけだったりしていた。

下の姉が「全員で集まるこのタイミングでないと、また何年延ばしになってしまう」と、12年前に死んだ父名義のままになっている実家の土地と建物を上の姉の名義にする手続をした。司法書士をしている従弟(いとこ)も、「全員が集まらなくても、言ってくれたらいつでも手伝ったのに」

と苦笑いしながら書類を用意してくれた。

「やだ。サイちゃん、まだ離婚してなかったの？」

姉たちは手続のために用意したサイ子の戸籍が、まだ夫と同じ戸籍なのをめざとく見つけて、おやおやと楽しそうに言った。姉たちはふたりともバツイチ、それぞれ事情も違うが離婚経験者だからずけずけと言う。

「お父さんのお葬式のときだって、サイちゃんひとりで来て、もう別居して何年だと言ってたもんね」

「私なんて、別居するって決めたと同時くらいで離婚届サーッと出して、離婚が成立して他人になってから家を出たのよー」

サイ子は夫ともう22年も別居していた。姉たちに面白おかしく言われても、ピンとこないくらい、夫の顔もうっすらしか思い出せず、人から指摘されない限り、自分が「結婚している」ことも忘れてしまっている。

「離婚なんて、離婚届を出すだけなんだから。早くしちゃいなさいよ」

「連絡するのもおっくうになってるんじゃない？」

姉たちは好き勝手なことを言う。母は「サイ子だけは、うまくいくかなと思ったのよ」とぽそっと言った。母は姉たちをたしなめているのか、サイ子にまでガッカリしているのか。

サイ子は地元の商業高校を出て、メーカーの営業所の事務員として就職した。営業から回ってくる発注の仕分け、伝票の整理、見積書の資料作りなど、細かい書類仕事はサイ子の性に合っていた。事務処理のやり方やパソコンなど、仕事の内容が新しくなることについていくのも楽しかった。

サイ子は今でもその会社で働いている。50代にさしかかり「お局(つぼね)さん」であるが、今はどこも新規で事務職の若い女性社員を雇うことを嫌がるし、昔のように「職場の花」の役割が求められるような時代でもない。何でも知っている有能な事務員としてサイ子は重宝されこそすれ、煙たがられることはなかった。

サイ子が結婚したのは25歳のときだった。叔父の紹介で、見合いをしたのが夫だった。地元の中学の国語教師をしていた。人柄も優しく映画や小説に詳しく、見合いのあと何度かふたりで会って会話も弾んだ。サイ子も「特に問題がなければ結婚する」つもりでいたので、「特に問題がない」と思い、結婚することにした。見合いでも顔を合わせていたが、夫の両親に挨拶(あいさつ)に行ったとき、夫の父親と母親の印象も良かった。地元の中学で校長をしているという夫の父親は、夫に似て話し好きで、両家顔合わせの宴席も夫の父親を中心に場が和んだ。

サイ子は、結婚しても子供が生まれるまでは仕事を続けるつもりでいた。それは見合いのときから伝えており、夫も夫の両親も了承してくれていた。

そろそろ見合いが流行(はや)らない時代にさしかかっていた当時、サイ子は友人たちから「今の時代にお見合い!?」と言われたが、サイ子は「結婚なんて就職みたいなもんなんだから、探り合いなくあらかじめ条件を突き合わせるお見合いのほうが合理的よ」と真顔で返した。

サイ子が新入社員だった頃、世間はバブルの絶頂期だった。もともと派手なことは苦手だったが、18歳で社会人になり20代前半まで、人並みに楽しい独身時代を過ごした実感もあり、あとは安定が一番重要と割り切っていた。

夫から「両親と同居での新婚生活」と言われたときは、「お見合いでそれは聞いていない」と思ったが、サイ子も会社勤めで昼間は家におらず、料理や家事はむしろ夫の母親を頼れると思い、それはそれで合理的かもしれないと、あまり悩まずに夫の両親との同居も受け容れた。

そして始まった新婚生活。夫とともに暮らす夫の実家は、かつては田舎と呼ばれたが、私鉄線の延伸により郊外と呼ばれるようになった地域だ。2階建ての家は決して狭くはなかったが、夜になっての夫婦生活はどこか乗り切れないものがあった。同じ屋根の下に夫の両親という他人がいることを意識してしまい、どこか照れくさい気持ちになる。夫の両親が聞き耳を立てているなどとは思わなかったが、自分が生まれ育った家で妻とセックスすることに躊躇がない夫に、「この人には照れくさいという気持ちはないのだろうか」とも思った。

そんなこともあり、子供はできなかった。

結婚して2回目の正月、義父が「子供は作る気にならないとできないから」と言った。それまでの1年以上の同居生活で、話し好きの義父から、ときにはカチンとくることを言われることもあった。しかし、義父は悪い人ではないがついつい口にしてしまう人なんだ、と思うようにしていた。

だが、このとき義父が口にしたのは明らかにサイ子に対する不満だった。義父はその日、「母さんは僕と同じで中学校の教員で、結婚してしばらくは働いてたが、退職して家事に専念するようになったらすぐに子供ができたからね」と言った。

義母は「そんなこと、サイちゃんにまで言わなくても。サイちゃん気にしないでね」と言ってくれたが、義父は明らかに酔いに任せてその日はそれを告げるつもりだったのだろう。

教師の家だから、建前は重要だ。

女性も仕事をする、男性も家事をする、子供は授かり物、親は子供に干渉しない……。しかし建前と矛盾したとしても、頑なな本音もまた隠さない家族だった。

「古いかもしれないけど、うちは結婚しても同居だって決めていたから」「長男だから、将来はこの家を継ぐことになる」

そういえば、サイ子の夫もそういうことは口にしていた。


サイ子は、そのときやっと「この家に嫁いだ」ということを意識した。サイ子は就職するように夫と結婚し、合理的な理由で夫の両親と「同居した」と思っていた。しかし、それは建前であり、夫と夫の両親は、サイ子という気立てが良くて何事も器用にこなす娘であることを見合いで値踏みして、「家にふさわしい」と認めた。だからこそ、結婚することが決まってから「同居する」話をし、嫁として受け容れる形を整えたのだ。そういう意味では、後出しじゃんけんで「親との同居」を言われたことにすら、特に異論を唱えなかったサイ子は、本当になかなかよくできた嫁だったのだ。

サイ子は、夫のことは嫌いではなかった。ただ義父から「子供は作る気にならないと」と言われた正月から、ますます夫との夜の生活に抵抗を感じるようになった。もうそれは夫の両親のためにする作業であり、階下で寝息を立てている夫の両親を喜ばせるためのものでしかないように感じられた。

求める夫を拒否すると夫は「でも……」という顔をした。それは自分がサイ子から拒否されたことへの「でも……」ではなく、「これをしなかったら両親に合わせる顔がない……」という「でも……」だった。

3月になり、4月から夫の勤務する中学が変わることになった。義父も同じ市内の中学の校長だから、そんなことはサイ子や夫が言わなくてもあらかじめ知っていた。

サイ子はある日曜日、新聞の折り込みの新築分譲住宅の広告を義父に見せて、「こういう家にとりあえず私たち夫婦で住んで、子供がある程度大きくなるまで別に暮らしてもいいんじゃないか」と言った。

その分譲住宅は夫の新しい勤務先の近くにあったが、今いる夫の実家からもそれほど遠くはなかった。夫との間に子供を持つためには、サイ子の年齢も考えて子供を作りやすい環境を意識的に整えないといけないのではないか、ということを義父に話したつもりだった。

しかし、義父は「サイ子さんは、うちの嫁としては難しいんじゃないか」と言った。義父は声こそ荒らげていなかったが、怒っていることは目を見ればわかった。いつも通り義父の隣に座っていた義母は、「サイちゃんが会社を辞めるっていうのが家を越すよりも、子供を作るための環境にはいいんじゃないの」と本音を隠さずに言った。

サイ子は自分の仕事が特別なものだとは思っていなかったが、少なくともこの両親と同じ屋根の下では、会社を辞めたとしても子供を作るための生活はできないと思った。

サイ子はその日の午後、夫に「私はこの家では子供を作れないと思うが、義父にそれを話したら怒られた」「会社を辞めても子供は作れないと思うので、家を出ようと思う」「あなたももし、その気になったらあとからでも来てくれたらいい」というようなことを話した。よく考えたら、正月のときも、この日も、義父とサイ子の緊迫した場面に、なぜか夫は居合わせていなかった。

サイ子は結婚前からの貯金と結婚中のサイ子の給料を全部持ったまま家を出た。職場に通いやすい駅前のマンションを借りて暮らし始めた。「夫が考えを変えてくれるなら」という期待も込めて夫に合い鍵を送った。

しかし夫がサイ子のマンションに来ることはなかった。

気づいたらそのまま離婚もせずに22年間の別居となった。

弁護士からサイ子へ

これほどまでに長期間の別居となっていれば、協議離婚が整わず、家庭裁判所での離婚調停の話し合いも不調となったとしても、裁判離婚により離婚が認められるでしょう。相当の長期間の別居は、民法770条1項5号の「婚姻を継続し難い重大な事由」に該当するとして、判決での離婚を認めるのが裁判実務の運用です。

何年以上の別居期間があれば裁判離婚が認められるかということについて、ネットなどではいろんな数字がまことしやかに飛び交っていますが、「何年以上の別居期間があれば裁判離婚が認められる」と簡単に言えるような基準はありません。「婚姻関係の修復が不可能と認める程度」というのが裁判所が離婚を認める基準になります。

ただサイ子さんのようにお互いに何もしないまま放置した別居の場合、離婚届を送るために連絡を取り合うとか、そういった相手へのアクセスそのものが面倒くさくて、ますます放置してしまうこともあります。家庭裁判所に調停を申し立てるというのも、余計に大げさな気がしますしね。

また、サイ子さんのように自分ひとりの生活がしっかり固まってしまうと、別に今さら離婚できていないことのデメリットもありません。離婚ができていないことの一番のデメリットは再婚できないことですが、サイ子さんには新しい相手がいる様子もありません。

ここは面倒くさい気持ちを振り払ってスッキリする気持ちの問題として、まずはご自身で「離婚届を提出したいので、離婚届にサインしてください」という手紙と離婚届を送ってみてはどうでしょうか。

サイ子は、夫に手紙と離婚届を送った。夫の住所を今さら新しく調べることはしなかったが、夫は今も実家に住んでいるだろうことはサイ子自身、疑いもなかった。

手紙には、長く連絡をしていなかったことの簡単な謝罪と、特に理由はないが、そろそろ戸籍を別にしてもいいのではないかと思うということを書き、役所でもらった離婚届を送った。

サイ子の今の住所も特に隠さなかった。

ところが夫からはサインをしていない離婚届だけが送り返されてきた。手紙の返事は添えられていない。しかも夫は離婚届を、母がひとりで暮らしているサイ子の実家に、もう亡くなっている父の宛名で送っていた。


サイ子はここまで来たらと、有休を使って家庭裁判所に行き、離婚調停を申し立てた。家庭裁判所は平日昼間しかやっていないため、離婚調停を起こして長引けば長引くほど面倒も多い。弁護士は頼まなかった。弁護士に頼むほどのたいそうな離婚だとは思わなかったからだ。夫も弁護士には頼まず、自分ひとりで調停の期日に、家庭裁判所にやってきた。夫は調停委員に対して「サイ子が両親に謝罪をすると述べたら離婚を受け容れる」と言い、サイ子が夫の姓を使い続けることにも難色を示したらしい。

サイ子は全く本心ではなかったが、割り切って「夫の両親に謝罪の気持ちでいっぱいだから、離婚を成立させてほしい」と調停委員に伝えた。そして、その1回目の期日で離婚はあっさり成立した。

調停の成立にあたり、裁判官を前にして20年以上ぶりに夫と顔を合わせたが、何の感慨もなかった。

サイ子はただ人生における合理的な選択として離婚をした。

ケース9

結婚は、人生の罰ゲームなんですか？

アレ子の問題

財務官僚の妻で55歳の専業主婦。仕事中心で家庭を一切顧みない夫との夫婦関係は冷め切り、子供はいない。家事はもちろん、資産家の義母の財産管理とともに、脳梗塞や認知症による義母の介護もひとりで担い見送った。義母の他界を機に家を出て、互いに既婚者同士のダブル不倫をしていた彼と再婚するために離婚を切り出す。

「原告の請求を棄却する」

弁護士から見せられた判決の「主文」だ。

裁判の原告はアレ子、被告はアレ子の夫。アレ子の夫に対する離婚訴訟の主文が「原告の請求を棄却する」。つまりアレ子の敗訴判決だ。アレ子の離婚は認められない。判決には、離婚を認めない理由が、長々と書かれている。結論としては、アレ子が「有責配偶者」だから、アレ子からの離婚請求は認められない、というのが敗訴の理由だった。

「有責配偶者」という言葉は、裁判になって初めて知った。裁判を起こして間もなく、原告のアレ子が提出した訴状に対して、被告である夫から出された答弁書という書類の中で目にしたのが最初だ。答弁書には「有責配偶者であるアレ子からの離婚請求は、棄却されるべきである」と書いてあった。

アレ子の弁護士は、「有責配偶者」というのは、婚姻関係破綻の原因について、特に責任がある側の配偶者を指す言葉だと説明してくれた。

そのときアレ子は、「でも……」と言いかけたが、きっとそれが世間の見方なんだろうとも思った。

もちろん弁護士には、こうなった事情は全部、話している。ただそれでも夫から裁判の中で、「結婚がダメになったのはアレ子の責任だ」「自分に責任があるのに離婚したいなんて許せない」と言われるのは、悔しかった。そして裁判所も、夫の言い分と同じ判決を下した。

判決の前から「恐らく有責配偶者からの離婚請求として、こちらが敗訴になるでしょうね」と弁護士から言われていた。負け戦とわかっていても、負けた事実は悔しい。離婚の敗訴判決を受けたアレ子は今、55歳。夫と知り合ったのは20歳頃だから、もう35年も前だ。

アレ子は郷里の静岡の女子高を出たあと、東京の女子大に入学した。1980年代半ば、世間はバブル前夜で浮かれていた。アレ子は東京の伯父の家に下宿した。下宿先の伯父は本郷で歯医者をしていた。東大の本郷キャンパスが近いこともあり、伯父の患者には東大生も多い。アレ子は伯父の紹介で、東大のジャズサークルに参加することになった。

アレ子はジャズにはあまり興味がなかったが、「いい人を探すため」に参加した。黒目がちでまつげが長い顔立ちのアレ子は、さながら「女優のよう」で、ジャズサークルの東大生の男子たちはみんな、アレ子の気を引こうとざわついた。夫もそのジャズサークルの東大生のひとりだった。

　アレ子が女子大の2年生、夫は東大の法学部の3年生だった。夫の父親は日銀で働いていて、夫自身は官僚志望だと言っていた。「絵に描いたような」東大生で、ジャズが好きというよりも、「ジャズに詳しい自分が好き」というタイプだ。

　ふたりはジャズサークルの中で、「公然の仲」になった。成城（せいじょう）にある夫の家に初めて招待されたのは、夫が官僚になることが決まった大学卒業前の正月だ。夫の両親には「交際相手」として紹介された。エリート東大生のひとり息子が連れてくる、地方出身の女子大生として値踏みされる覚悟だったが、夫の父親はアレ子の容姿にしか興味がない様子だった。夫の母親は、「すまして歩くだけで上品だと思わせる」容姿で、若い頃はアレ子と顔立ちも似ていたのだろうなと、アレ子自身も思った。

　夫の母親はアレ子と夫の交際について、「今の若者は自由恋愛で、いいなぁ」「アレ子ちゃんが卒業してから、結婚すればいいわ」と言った。東京の上流階級は、こんなにあっけらかんとしたものか、と驚いた。

　ただ、アレ子は「自由恋愛」という言葉が引っかかった。伯父が東大のジャズサークルを紹介したのも、「東大卒のエリートと結婚するため」のことだと、アレ子自身もよくわかっていた。だから東大のジャズサークルでも、一番将来が有望で家柄が良い夫を選んだ。

　アレ子がわざわざ東京の女子大に来て、本郷の伯父の家で下宿しているのも、ひとえに「いい結婚」のためなのだ。それでも夫の母親には、「自由恋愛」と映るのかというのが、アレ子には不思議だったが、それが世間一般のアレ子たちに向けられる目なのだろうとも思った。

夫が東大を卒業し官僚になり、アレ子も女子大の4年生になった。アレ子は大学を卒業したら夫と結婚するのだろうと、ぼんやり考えていた。夫がいなくなったジャズサークルには顔を出さなくなり、アレ子は伯父の家からお茶やお花の稽古に通うようになった。官僚になった東大卒の男と結婚する予定で、花嫁修業に精を出すアレ子を、同級生たちは、「古い時代の女」のように扱った。

アレ子が大学4年生の頃、時代はバブルまっただ中だった。女子大生はどこでもモテはやされ、自由を謳歌していた。アレ子が通う女子大前の道路にも、女子大生目当ての外車が列をなす、それが日常だった。女子大生の肩書きがあれば「すべてを手に入れられる」かのような時代だ。だがアレ子は、自分たち女子大生の「自由」は、時代の巡り合わせでたまたま「おはちが回ってきた」だけのような気がしていた。自分たちで勝ち取った「自由」でもなければ、「自由」を使った先に目指す何かが見えるわけでもなかった。一見「自由」に見えるきらびやかな人生よりも、退屈でも安定した人生のほうが、きっと幸せになれる。アレ子は時代に抗うように派手さと無縁な自分にそう言い聞かせた。

6月の雨の日の夕方、この日もアレ子はお花の退屈な稽古のあと、浮かない顔をして駅から伯父の家へ歩いていた。稽古でもらった切り花、そしてカバンを抱えているから小さな傘では雨を避けきれず、スカートも靴もずぶ濡れだ。こういうときアレ子は隠すことなく不機嫌な顔になる。

「いったい全体、何で世の中は私の思い通りにならないのだろう」。そんな気分が顔に出た。そのとき「あ、アレ子ちゃん」と声をかけられた。アレ子はまさか誰か知り合いに会うとも思わず、ビクッとしてその声のするほうを見た。そこには東大のジャズサークルで見知った顔の男がいた。夫の同級生で、工学部で建築を専攻していると言っていた。北海道出身で、酪農をしている両親が、「乳の出を良くするために、牛にジャズを聴かせるから自分もジャズが好きになった」と嘘か本当かわからないような話をしていた男だ。夫と同級生だからもう卒業しているはずだ。

「今、すごく不機嫌な顔をしていたけど、すぐそこ、俺の下宿だから、傘、大きいのに持ち替えて、花はうちに置いて帰りなよ」と彼に言われた。

アレ子は「不機嫌な顔」とそのまま言われたことへの戸惑いと、荷物を軽くできて、傘を大きくできるという、今この瞬間の問題をすべて解決できることに釣られて、下宿までついて行った。彼は下宿で、アレ子がお花の稽古から持って帰ってきた切り花を、手早く空き瓶にセンス良く飾り、蜂蜜を少し入れた温かい紅茶を入れてくれた。

「ジャズ聴く?」と言って、彼はカセットテープでジャズを流した。この春に卒業する予定だったがぎりぎり単位が足りず留年したという。実家が北海道の酪農家というのは本当のようで、幸い酪農の景気が悪くなく仕送りは続けてもらっており、空いた時間でいろいろアルバイトをし、大手ゼネコンへの就職も決まっているということだった。

そういえば彼だけはジャズサークルの中でアレ子に対して色めき立つ視線を向けなかったなということを、思い出した。だからアレ子の中に彼の記憶が残っていたのだ。

アレ子は紅茶を飲んだあと、大きな傘を借りてそのまま帰った。

その後、夏になって、傘を返すという自分なりの大義名分で、思い切って彼の下宿を自分から訪ね、身体の関係を持った。夫とも身体の関係を持っていたから、初めてではなかった。卒業すれば夫と結婚することが決まっていたため、結婚してしまえばもうアレ子にとって男性は夫だけになってしまう。夫の母親が言った「自由恋愛で、いいなぁ」という言葉を思い出し、恋愛をしなかったという後悔をしたくなかった。だから彼と関係を結んだ。

　アレ子は北海道の酪農家に自分が嫁ぐとはとても思えなかったし、ゼネコンに就職する彼と全国を転々とするような暮らしも嫌だった。ただ、自分の中で芽生えた感情が何なのかを確かめたくて、大胆な行動に出た。

　その後、卒業までアレ子は彼と関係を重ねたが、彼の卒業が決まったあたりで自然とそれは終わった。今の時代のように携帯電話もメールもＬＩＮＥもない。だから「終わらせる」と思えばそれで終わらせることができた。

　女子大を3月に卒業し、アレ子と夫はその年の秋に結婚式を挙げた。

夫は大蔵省、今の財務省に勤務していた。静岡の両親は結婚を心から喜び、アレ子が大学4年間、世話になった伯父の家族も涙を流してくれた。アレ子は家族のためにも、東京のエリートと幸せな結婚をしたというゴールに満足だった。アレ子と夫は官舎で新婚生活を始めたが、そのとき初めてエリート官僚であっても公務員は公務員、「贅沢を言うことはできない」ことを知った。身体が痒くなりそうな畳敷きの古い和室、ちょろちょろとしか湯が出ない湯沸かし器、真冬以外は常に見かけるゴキブリ……。「官舎なんてどこもこんなもん」とほかの官僚の妻たちは言うが、アレ子にはどうしても耐えられなかった。

それでも夫が早く帰ってくるなら気も紛れるが、連日連夜、帰りは遅い。泊まりになることも少なくない。退屈なテレビを見ながら、このボロボロの官舎で、夫の事務次官レースの伴走者が自分の人生かと思うと暗い気持ちになった。

夫もアレ子の不満はよくわかっていたようだったが、「子供ができるまでは」と言われた。たしかにアレ子も「子供ができれば」退屈もしのげるような気がした。同じ官舎に住む官僚の妻たちも、子供が生活の張りになっている様子だ。仕事で疲れている夫をアレ子なりに奮い立たせ、アレ子も精一杯の健康管理をした。

しかし、どうも子供を授かる気配はなかった。そうこうしているうちに、成城にいる義父が急逝した。義父はその頃には日銀から別の組織に天下りしていたが、まだ60歳手前だった。それをきっかけに、アレ子と夫は、成城の夫の実家で義母と同居することになった。思いがけず官舎の暮らしから解放されることにホッとした。

同居して知ったことだが、夫の実家である成城の家は義母の持ち家だった。義母がもともと資産家のひとり娘で、義父は地方から苦学して出てきた東大生。日銀マンになったあと、上司の手引きで婿養子に入ったとのことだった。夫はひとり息子だったが、急逝した義父からの相続は、ほとんどなかった。アレ子は義母とウマが合った。義母は、アレ子と夫の間に、なかなか子供を授からないことについても何も言わなかったし、官僚の妻はとにかく夫の健康や栄養のことだけを考えればいいと、アレ子に言ってくれた。

アレ子は昼間はたいてい義母と一緒に過ごした。ふたりで食事や観劇に出かけることも、家でのんびりテレビを見ることも、義母と一緒に過ごす時間はアレ子には心地よかった。2週間に一度くらい、義母の顧問税理士が家に来るときは、アレ子も同席した。

義母は、都内にいくつかの不動産を所有し、株の運用益もあるいわゆる資産家だった。義母は隠すことなく、顧問税理士の話をアレ子にすべて聞かせた。義母は「私に何かあっても、息子は、忙しくて何もできないだろうから、そのときはアレ子ちゃんが財産のことを引き取ってね」と言ってくれていた。

さらに義母は、資産の運用益からいくらかのお金をアレ子が自由に使える小遣いとするよう、顧問税理士に依頼してくれた。顧問税理士は義母の遠縁にあたると言っていたが、ふたりが男女の関係だということにアレ子はすぐに気づいた。ふたりの言葉の交わし方や信頼し合う雰囲気に、勘づかないと言うほうがおかしかった。アレ子もそれに気づいてからは、仕事の話が終われば何かしら用事を作って家を空け、義母と顧問税理士がふたりで過ごせるようにした。初めて義母と会ったときの「自由恋愛で、いいなぁ」という言葉がその都度思い出された。

夫は相変わらず仕事が忙しく、成城に引っ越してからは、ますます帰りが遅くなった。省内に泊まっているのか、ホテルなのか、帰らない日も多くなった。アレ子はその頃になると、もう子供を授かることはあきらめた。夫にとってアレ子は、義母の話し相手であり秘書程度の存在なんだろうと、そんな冷めた気持ちになった。

そんな日々が続くなか、義母が突然倒れた。

脳梗塞で、大きな麻痺が残った。夫との仲が冷え切っていることは明白でも、アレ子を優しく受け容れてくれる義母に心から感謝をしていたし、義母を大切にしたいと思っていた。だからこそ不自由になった義母の姿に胸が痛んだ。

夫は変わり果てた義母の姿にショックを受けたのか、ますます「忙しい」と言って家に帰らないことが多くなった。アレ子にとって夫はもはや「同じ家にいる他人」のような存在になっている。

身体だけでなく言葉も不自由になった義母には介護が必要となったが、アレ子はお金に頼らずできるだけ、自分で義母の介助をするようにした。それは「嫁の務め」ではなく、義母への思いからだ。アレ子は義母のためにぬるま湯で手足をさすったり、天気がいい日は車いすで散歩に連れ出したりもした。義母とコミュニケーションを取りながら、義母の資産管理の仕事をこれまで以上に手伝った。そして税理士が来たときは、アレ子は部屋を出て義母と税理士のふたりの時間を作るように気遣った。義母と税理士は、ときにはアレ子の目もはばからず手を握り合い見つめ合っていた。そのときの義母の表情は、アレ子が何をどう介護するよりも満たされている。アレ子はそんな義母を見て、「良かった」と思うと同時に、どうしてふたりは一緒になれなかったのだろうと胸が詰まった。

ある日、自宅の電話が鳴った。

「財務省の……さんの奥さんですか？」「私、夫さんの不倫相手です！　早く離婚してください！」「私、夫さんの子供を妊娠していますから！」

その頃になると、アレ子と夫の寝室は当然に別となり、食事も一緒に取ることはなくなった。アレ子にとってはますます他人となりゆく夫のことだから、これが「イタズラ電話」かどうかも、どうでもいいことだった。

ただ見知らぬ女の「妊娠していますから！」という言葉は、子供を授かることがなかったアレ子の胸をえぐった。アレ子だって子供がいればと何度思ったことだろうか。子供がいれば、夫との関係が冷え切っても、アレ子の結婚は「世間並み」の幸せな結婚だったかもしれない。

しかしそのとき、アレ子は別のことも思った。あの電話の見知らぬ女が本当に夫の不倫相手で、夫から「不倫相手と一緒になりたいから、離婚してほしい」と言われたら、むしろホッとするのではないかと。子供がいないからこそ、アレ子は結婚からいつでも解き放たれるのではないか。現にアレ子は、夫が家に帰らない日、どこで寝泊まりしているのかも全く気にすらしていない。

倒れてから10年ほど経つと、義母は脳梗塞の麻痺が少しずつ良くなり、言葉のコミュニケーションもずいぶん戻ってきた。その代わり、今度は認知症が出てきた。そうなるとアレ子だけで介護することは難しい。義母の介護はヘルパーに任せるようになったが、それでもアレ子は毎朝、義母の部屋をのぞいて声をかけた。すると義母は表情を緩めた。しかしその頃、義母の顧問税理士が亡くなった。義母の資産管理は、事務所を継いだ別の税理士に代替わりをし、最愛の人に会えなくなったことを悟った義母の認知症はどんどん進行した。

そんな中アレ子は、新聞の経済面、大手ゼネコンの人事のニュースで、学生時代に逢瀬を重ねた彼の名前をたまたま見つけた。もう40代も後半、今しかないとアレ子は思い切って会社に電話をしてみた。「財務省の……の妻ですが」と夫の名前を名乗ることにためらいはあったが、あっという間に電話は彼にまで取り次がれた。彼はアレ子の電話に声を弾ませ、すぐに再会の約束となった。そして再び逢瀬が始まった。彼は、アレ子のありのままを受け容れてくれた。冷え切った関係にある夫への愚痴や不満、アレ子自身の義母への思い、それに世間体やお金を気にするアレ子の卑しさを含めて、彼はすべてを受け容れてくれた。アレ子は、彼の身体に包み込まれることで、年甲斐もなく素直になれた。ずっと一緒にいたいと思ったが、彼も結婚していた。彼には妻と大学生になるふたりの息子がいた。息子のひとりは東京の私立大学、もうひとりは地方の国立大学に通い、「金がかかる」と言っていた。アレ子は彼のことを「羨ましい」とは思わなかった。むしろ、彼がそれなりに幸せでいたことが嬉しかった。

夫は50代になったところで、省から離れた機関に出向した。アレ子には事務次官レースに敗れた夫に「お疲れさま」と言ってあげるほどの愛情も残っていなかった。かといって「ざまぁみろ」と思うほどの興味もなかった。もはやアレ子にとって夫は完全に他人だった。

義母は家での介護が難しくなり施設に入ったが、義母の資産管理はアレ子が引き継いでいる。アレ子は夫のための家事も含めて、家のことは仕事だと割り切るようにしていた。彼との逢瀬のときだけがアレ子のありのままであり、それ以外は機械のように役割を果たす、そういう気持ちだった。夫が家にいることが多くなっても、広い家では顔を合わせずやりすごせる。そしてアレ子は義母の施設に顔を出す日は、そのまま彼とどこかで落ち合った。義母の施設も、彼から紹介された評判の良い施設だった。

そんな頃、彼からプロポーズされた。アレ子にとってまさかのことだった。

彼は、アレ子と再会してから子供がそれぞれ独立するのを待って、妻に離婚を切り出したという。ただ彼の妻は、その前にアレ子と彼の関係を知り、激しく取り乱しちょっとした騒動になったらしい。彼はそこで妻に謝罪し、相当のお金を積んで妻に離婚してもらった。彼が働いて建てた家もそのほかの財産も、息子たちに対する父親としての沽券も、すべてをなげうって離婚したと彼は言った。その上で、彼は離婚していつでも再婚できるようになったからとプロポーズをしてくれたのだ。

そのとき初めてアレ子は、「彼と結婚して一緒に暮らしたい」と思った。

プロポーズを受けて1年後、義母が亡くなったのを見届けて、アレ子は家を出た。義母の財産はそのままひとり息子の夫が相続する。もうアレ子は義母のための役割を十分に果たした。アレ子は家を出て彼のもとへ走った。

アレ子は彼に紹介された弁護士に依頼して、すぐに夫との離婚へととりかかった。古い考えかもしれないが、彼と同じ名字になりたかった。誰かに会ったときに、胸を張って「私たち夫婦です」と言いたかった。プロポーズを受けてすぐ、彼の癌が見つかったことも大きな理由だ。幸い早期の癌で、簡単な手術で対応でき、再発の可能性は低いと言われていたが、最後は夫婦として添い遂げたいという思いを強くした。

弁護士からは、まずは丁寧な手紙で、夫に対して離婚届による協議離婚のお願いをしてみようと提案された。アレ子からすれば、もうとっくに夫婦仲が冷え切っていたのだから、「丁寧にお願いする」ことには抵抗があったが、弁護士からは、「ここで丁寧にお願いする姿勢が大事」と言われたので、そこは弁護士に任せた。ところが夫もすぐに弁護士を入れて、「離婚する気は一切ない」という返事をしてきた。「夫婦というほどの形もなかったのに」なぜ離婚する気がないのか、アレ子は全く理解できなかった。だが夫が離婚を拒否する以上、アレ子はやむなく離婚調停を申し立て、家庭裁判所で夫と離婚の話し合いをすることにした。しかしそこでも夫は、「不倫相手と一緒になるために、家を出た妻の身勝手では離婚しない」と離婚を拒否する姿勢だった。間に入った調停委員が、「でも現実にアレ子さんは家を出ているのですから、離婚しないとしたら、どうするのですか?」と夫に問うたらしいが、夫はそれも、「妻が自分でどうするか考えればいい」と答えたらしい。アレ子は離婚してくれるなら慰謝料を払うと提案してみたが、それも拒否された。そもそも夫はお金に困っていない。むしろ逆効果だった。結局、調停は不調となりアレ子は判決での離婚を求めて、離婚訴訟を提起することとなった。

アレ子は人生の中で、自分が裁判の原告になることがあるとは思ってもみなかった。しかし、ここまできたら離婚を目指すよりほかなかった。民法770条1項5号では、「婚姻を継続し難い重大な事由」があれば、夫婦の一方が離婚の訴えを提起できるとある。裁判で、長年夫婦の関係は冷え切っており、アレ子が家を出たことで婚姻関係の破綻が明白になったと主張した。それに対して夫側の反論は、「有責配偶者からの離婚請求だから認めない」というものだった。夫は、義母の生前から探偵に調べさせたアレ子の行動報告を裁判の証拠として出してきた。アレ子が義母の施設を見舞った帰り、彼の車に乗り込んでホテルに行くまで、探偵に尾行させ写真を撮っていたのだ。さらに夫は彼の元妻までをも証人として、法廷に引っ張り出してきた。

「私は妻として子供を育て上げた矢先に、アレ子に夫を奪われました」

彼の元妻は法廷でそう証言した。

夫はここまで品性がなかっただろうか。財務省の事務次官レースに負けたことで、性格がねじ曲がったのだろうか。いや、もともとそういう性格だったのか。アレ子も、かつて自宅にかかってきた夫の愛人をにおわす怪電話の事実を主張したが、証拠がない話として裁判では一顧（いっこ）だにされなかった。

弁護士からは証人尋問が終わった段階で、「裁判所は外から見える事実を重視するので、有責配偶者であることは明白だからと、離婚を認めないと判決するでしょう」と言われた。夫婦の関係が冷え切っているという「外から見えない事情」に、裁判所はほとんど取り合ってくれないと言うのだ。そして弁護士が言った通り、アレ子の請求を棄却する判決が下された。

アレ子と弁護士の会話

弁護士「敗訴判決はやはりショックでしたか？」

アレ子「はい。先生から判決は多分敗訴だと聞かされましたが、裁判官はわかってくれるのではと期待をしていました」

弁護士「日本の裁判官、特に家庭裁判所の裁判官の多くは、できるだけ人の感情の部分には立ち入らない、形だけを見て判断をするというスタンスなんですよ」

アレ子「でも、ここで離婚を認めなかったら、どうしろというのでしょうか。今さら、私が家に帰って、夫と仲良く暮らすことができるとでも裁判所は思っているのでしょうか」

弁護士「いや、裁判官はそんなことは思っていませんよ。ただ、離婚したいと言う人と、とにかく離婚したくない人がいたとき、裁判官の気持ちとして、離婚したくない人に『あなた、我慢して離婚しなさい』と言うのは、しんどいのでしょうね」

アレ子「しんどい？」

弁護士「裁判官としては、離婚したい人に『離婚を認めない』というのは、現状維持なわけです。裁判官自身の『何か判断した責任』は考えなくていいですよね」

アレ子「たしかに現状維持ですね」

弁護士「でも離婚したくない人に『離婚しなさい』と命令するのは、現状を動かすことになります。もし、その後、その人が幸せではなくなり『あのとき、無理に離婚させた裁判官のせいだ』なんて思われたら、裁判官も寝覚めが悪いですよね」

アレ子「たしかにそうですけど……。じゃあ一度結婚したら、永遠に結婚を強制されるのですか？」

弁護士「判決の最後のほうですが、アレ子さんが家を出て離婚を求めた時点で、夫婦の婚姻関係は破綻していると、そこから先は離婚に向けた別居になっている、と書いていますね」

アレ子「はい」

弁護士「だけど、その別居期間は、調停まで半年、調停の1年、そして裁判をしていた1年半を合わせても合計3年間しかない。だから、有責配偶者からの離婚を認めることができるほどの相当長期ではない、と書いていますね」

アレ子「3年の別居じゃ相当長期ではない……」

弁護士「そうです。夫婦としてはもう終わっている関係だ、ということまでは裁判官も認めています。今回の裁判官も、人の心としては、いつか離婚するしかないとは思っている。でも、形式的にダブル不倫をしていたアレ子さんには『あなたが我慢しなさい』と今は言っておいて、別居期間が7年、8年と長くなったら離婚を認めますよ、ということなんです」

アレ子「7年!?」

弁護士「そうです。そのくらい長期に別居が続いたら裁判官も、離婚したくないと言っている人に『もういいかげん、あきらめなさい』と無理に離婚させても寝覚めは悪くない。それが日本の離婚裁判でいうところの有責配偶者からの離婚請求の理屈なんです」

アレ子「今の段階では裁判官は、私に恨まれても『不倫したあなたが悪いのです』と言いやすい。でも、夫に恨まれたら『どっちも、どっちでしょう』とはまだ言いにくい、そんなことですか？」

弁護士「うまいこと言いますね。当事者任せの協議離婚だったら、理由無制限で、どんな理由でも離婚できます。しかし、第三者である裁判官が離婚を命じるとなると、その途端に『よっぽどの理由じゃなければ、離婚させせない』となるんですよ」

アレ子「私、高等裁判所に控訴していいですか」

弁護士「控訴審も判決では多分負けるでしょう。ただ、有責配偶者と言われる側が、常に離婚を求め続けることが大事な事情となってきますから」

アレ子の結婚は決して幸せなものではなかった。そして今も離婚できず、幸せでない結婚がまだ続いている。家庭裁判所の敗訴判決後の控訴審の裁判官も、夫に対して「離婚してはどうか」と和解の水を向けた。しかし、夫は「とにかく不倫した妻からの離婚は受け付けない」と頑なに離婚を拒否した。

アレ子は思わず和解協議で対面していた裁判官に、「結婚は人生の罰ゲームなんですか？」と言ってしまった。すると裁判官からは、「法律のどこをひっくり返しても、『結婚したら幸せになる』なんて書いていません」と吐き捨てるように言われた。そして控訴審も、アレ子の敗訴判決だった。アレ子の弁護士は、「有責配偶者だからといって、永遠に離婚できないわけではありません。何度も離婚訴訟を繰り返して、3周目くらいで離婚判決をもらえばいい」と言っていた。アレ子はもうそれに従うしかなかった。

とはいえアレ子自身の日々は、今、とても幸せだ。

彼と一緒に暮らし、彼と同じものを食べ、日常をすべて共有している。彼と同じ名字ではないし、彼のことを胸を張って「夫」とは言えない。でも、彼との人生を謳歌している。裁判官が言ったように、「結婚したら幸せになる」なんて法律のどこにも書いていない。同じように法律には、「愛情があることが結婚の条件だ」とも書いていない。

アレ子は、夫に離婚訴訟を提起したことで、すでに結婚という呪縛から解き放たれていた。アレ子にとって大切なのは、夫との離婚でもなく、彼との結婚でもなく、最愛の彼と一緒に人生を歩むその事実だ。そう、自分はやっと幸せになれたのだ。

33年前の6月の雨の日。浮かない顔で花嫁修業から帰る22歳の自分自身を思い浮かべる。

「大丈夫、最後は幸せな人生になるから」

アレ子は、あの日の自分に、今ここから声をかけた。

ケース10

セックスが苦手な夫への不満と、不倫の罪悪感

カジ子の問題

シングルマザーのカジ子は29歳のときに再婚。今の夫の性格は真面目でおとなしい。夫の収入で生活も楽になり、娘の笑顔も増え、幸せを感じるカジ子だったが、結婚後セックスレスに。カジ子から誘っても拒否される日々に、このまま結婚生活を継続できるか悩む。そんな悩みを相談した前夫と関係を持ってしまい罪悪感に苛まれる。

カジ子にとって今の夫とは2回目の結婚だ。

前夫とは20歳のときに合コンで知り合い、デートをダラダラしているうちに「できちゃった婚」となった。前夫は、デートは楽しくても一緒に暮らすには居心地が悪い男だった。ひとり娘が4歳、カジ子が25歳のときに離婚した。

シングルマザーとなったカジ子は宅配便の配達スタッフのバイトをしていたが、今の夫とは仕事先で誘われた飲み会で知り合った。カジ子から声をかけた。

カジ子は第一印象で夫のことが気に入った。左右に流しているだけの黒髪がサラサラで、メガネの奥の一重まぶたがスッキリとして見え涼しげだった。目鼻立ちがはっきりしている日焼けが似合うサーファー顔のカジ子とは対照的だ。夫は顔立ちと同じように、性格も真面目でおとなしい。それもカジ子とは対照的だった。

カジ子は知り合った日に夫をホテルに誘ったが、カジ子が「シングルマザーで子供がいる」と告げると、その日は断られた。ただそのときに、夫から「カジ子さんに子供がいるほうが、かえって自分へのプレッシャーが少ない気がして、安心して付き合える」と言われた。

シングルマザーになってから、遊び相手の男は何人かいた。ただその中には、真面目な顔をして「子供がいるほうが安心して付き合える」と言うような男は誰ひとりいなかった。

カジ子は、もう29歳になっていた。

こんな真面目な男と一緒に暮らしたら、自分の生活も、娘の生活も、今までと全く違う新しいカタチになるような、そんな期待をした。付き合っている間、ふたりっきりになってカジ子が誘えばセックスもした。カジ子が雰囲気を作り、カジ子がホテルに誘い、カジ子がリードすれば、夫はメガネをかけたまま、自分の右腕で顔を隠すような仕草で、最後までした。カジ子はそんなガツガツしない夫とのセックスに少し物足りなさを感じたが、結婚したらそれは解決するように思った。

そして娘を交えたデートのほうが夫は楽しそうに見え、カジ子は結婚は正解だと確信した。

カジ子が「そろそろ結婚しよう」と言うと、夫はあっさり承諾し、カジ子は2回目の結婚をした。

双方の両親への挨拶はしたが式はせず、カジ子と夫と娘の3人で写真だけを撮った。夫は初婚だったがそれでいいと言ってくれた。


ところが、結婚してから夫とのセックスが完全になくなった。

娘が小学校の行事でいない夜、カジ子から夫の布団に潜り込んで夫の下半身を触ってみたが、夫には完全に「寝たふり」をされた。自宅のアパートの布団でという生活感が、夫にとって「その気」を削いだのであればと、カジ子は休日の昼間、夫とふたりで外出する予定を立て、知り合った頃のようにホテルに誘ったこともある。そのときも夫は「気づかないふり」をし、結局ホテルに連れ込めなかった。

そしてカジ子にとって屈辱だったのは、夏休みに3人で出かけたテーマパークへの家族旅行だ。テーマパークのオフィシャルホテルのファミリールームだったが、遊び疲れた娘は部屋に帰ると早々に寝息をたてた。

カジ子は、娘の穏やかな寝顔とそれを優しそうに見つめる夫に、「再婚して良かった」という気持ちになった。自然な気持ちで夫のベッドに入り、夫の身体に両腕を巻き付けて、夫の腕に顔を埋(うず)めた。「結婚してくれて、ありがとう」とカジ子が言うと、夫もカジ子の髪を手でなでながら「僕こそありがとう」と言ってくれた。

カジ子は、夫から「ありがとう」と言われ、堰(せき)を切ったようにすべてを解き放ちたい気持ちになり、自分の顔を夫の布団の中に潜らせて、夫の股間にパジャマズボンの上から唇をつけた。

と、その瞬間、夫が身体をぐっと起こして両腕で布団を払いのけながら、カジ子の身体をベッドの反対側に反転させた。

「もう子供はいらないから、そういうの、なくていいじゃない」と夫は言った。カジ子にとって大きな屈辱だった。


カジ子は、夫のことを嫌いにはなれず、憎いとも思えない。

シングルマザーだったカジ子は夫の収入のおかげで生活は楽になり、娘の笑顔も増えた。再婚によりカジ子は、目に見える「幸せ」を取り戻したのだ。しかし、カジ子の渇望状態はこれからずっと続くのだろうか。カジ子はもうひとり子供がほしい、と思っているのではない。

あの日のカジ子の感情は、むしろ夫への「感謝」であり、夫とすべてを共有していたいという、純粋な「愛情」だった。カジ子は、カジ子にとって、お互いの気持ちを確認することが、身体を重ね合わせることだった。カジ子は、自分が夫を愛しているだけでなく、夫も自分のことを愛しているからこそ、再婚をしたと思っていた。

これから永遠に身体を通して気持ちを確認し合うことができないのだろうか。夫は単にカジ子と娘を養っている、という男としての社会的満足のためだけに結婚したのだろうか。

弁護士からカジ子へ

セックスレスが夫婦の不協和音の原因になることは、少なくありません。

カジ子さん夫婦は、典型的なセックスレス夫婦ですね。カジ子さんが、セックスを拒否する夫に対して、「じゃあ何で結婚したの？」と思う気持ちはわかります。

でも、じゃあ結婚の目的は「セックスすること」なのでしょうか？　それも違いますよね。結婚という社会の制度や枠組みとセックスという人の生物としての行動は、必ずしも同じ次元で語ることはできません。

もちろん不倫の場合は、不倫相手への慰謝料請求など、「そんなセックスは許せません」と言うことができます。でも、それだって行動を禁止するのではなく、「してしまった」行動に対するペナルティでしかありません。そして結婚したからといって、「さぁ、私と積極的にセックスしなさい」と言うこともできません。夫婦間でもレイプは犯罪です。

とはいえ離婚するかしないかの裁判になった場合、理由なくセックスを拒否することが、離婚理由として認められることもあります。だからカジ子さんも離婚裁判まで突き進めば、夫に対して「セックスしない理由」を問い質すことはできますが、いずれにせよセックスレスの怒りをぶちまけることはできても、セックスレスを解消することはできません。

カジ子は、夫とのセックスレスにこだわることをやめた。

セックスするために結婚したのですか？　と弁護士に言われたとき、「セックスするために結婚したんじゃありません」とカジ子は答えた。同時に「じゃあ何のために結婚したの？」と自分に問いかけた。シングルマザーだった自分に、遊びとしてのセックスを求めてくる男は何人かいた。でも、そんな男たちとは再婚したいと思わなかった。

「子供がいるほうが安心して付き合える」と夫が言ったときに感じた、「この人とならまた結婚できるかもしれない」という気持ち。たしかにカジ子も、夫が娘の父親に相応しいと思い、再婚を決めた。

でも、やっぱり、カジ子は単純に女として夫のことが好きだった。セックスをしたいと思う自分は、ふしだらなのだろうか。

カジ子は、誰かに相談したいと思った。女友達でも話せることだったが、なぜかカジ子は前夫に「相談したいことがある」とLINEをした。前夫とは何か月かに1回、娘を会わせるときに連絡を取る必要があり、連絡することは不自然ではなかった。

前夫に今の夫とのセックスレスを話すと、前夫は「単にセックスが苦手なんじゃないか」と言った。前夫の会社には、「童貞のまま、子供だけはほしいと言っている後輩」がいるという。

カジ子が「彼女の立場はどうなるの?」と、気持ちが重なり強い口調で聞くと、「だから彼女いないよ」「童貞のまま子供の父親になれないじゃん」と真顔で言われた。

カジ子の今の夫は、付き合っているときにカジ子と数えるほどだがセックスをした。だから「童貞のまま子供の父親になりたい」という夫の後輩のケースとは違う。

前夫とは土曜日の明るい時間に喫茶店で会ったのに別れ際、前夫はカジ子をホテルに誘いカジ子も断らなかった。前夫とのセックスは懐かしく、カジ子自身、自分の身体が前夫とのセックスに満足していることを実感した。

でも、だからといって前夫と離婚しなければ良かったなどとは、全く思わなかった。単にセックスが合う相手だということを確認しただけだ。前夫もそれは同じだったのだろう。翌日の日曜日、前夫からLINEが来て、今付き合っている彼女からカジ子との関係を疑われたから、これからは娘のLINEから直接連絡してほしい、と言われた。

前夫とセックスした日、少し上気して帰ったカジ子に、夫は「楽しいことでもあったの？」と聞いてきた。カジ子は一瞬「バレたか？」と焦り、取り繕うように「駅前でテレビのロケをしていて芸能人を見た」という嘘をついた。あまりに下手な嘘だと思ったが、夫は「最近、機嫌悪そうだったから、いいことあって良かったね」と笑ってくれた。

夫はカジ子が誰かとセックスをしたことなど、何も疑う様子はない。しかし夫は、カジ子のことを、しっかり観察していてカジ子の満たされなさを心配してくれていた。そして夫はカジ子が夕食の用意をしている間に、スポーツ教室まで娘を迎えに出かけていった。

カジ子は、自分がセックスレスを理由に好き放題をして、夫を踏みつけているような、そんな罪悪感に苛まれた。

弁護士からカジ子へ

この前は、夫がセックスを拒否することについて、「何のために結婚したの？」とカジ子さんのほうが夫を責める気持ちでした。セックスするために結婚したのではないとわかっていても、身体が納得できないという様子でした。

でもカジ子さんも、夫以外の男とセックスをしたら、今度は罪悪感に苛まれているのですね。

その罪悪感は、いったい何の罪悪感なのでしょう。不貞行為、いわゆる不倫をしたことについての、漠然とした罪悪感なのかもしれません。

たしかに不貞行為は、民法770条1項1号で裁判離婚の理由として挙げられています。カジ子さんが前夫とセックスしたことが夫の知るところとなったとして、夫から離婚裁判を起こされたのなら、カジ子さんが拒んでも離婚が認められる可能性があります。でも現実に、夫はそれを知らないですし、そもそもカジ子さんの夫は離婚を望むでしょうか。

結局、カジ子さんのセックスレスの不満も、不倫の罪悪感も、法律では割り切れない部分のようですね。

結婚という法律の制度や枠組みと、セックスという人間の本質的な営みを、無理に結びつけて考える必要はないのではないでしょうか。民法770条1項1号が、不貞行為を裁判離婚の原因と挙げているほかは、セックスと結婚について結びつけている法律は、ザッと見渡してもなさそうです。

カジ子さんと前夫とのセックスも、それを理由に夫が離婚を求めてくるかどうか、そのくらいの意味しか今のところはなさそうです。

カジ子は自分の罪悪感に耐えかねて、前夫とセックスしてしまったことを夫に告白した。セックスレスに不満があったこと、今の生活を手放したくないが離婚となるなら仕方がないと思っていること、自分でも厚かましいと思ったが、思っていることを全部、夫に話した。いや、これは罪悪感に耐えかねてではなく、そうすれば夫がセックスに向き合ってくれるのでは、という期待もあった。

夫は何も言わなかった。ただ夫は落ち込んだように見えた。

「やっぱりセックスができないと男じゃないのかな」と言って、「カジ子は、僕と離婚したいの?」と聞かれた。「セックスが苦手な僕とは結婚はもう続けられないの?」と夫に言われ、カジ子はただ泣いた。申し訳なくて泣いた。

「今は、まだ結婚を続けたい。この家族で暮らしたい」と、カジ子は嗚咽しながら答えた。

しかし、セックスレスのまま、結婚生活をこのままずっと続けられる自信があるとも言えなかった。でも、次に耐えられなくなったときは、女友達でもなく前夫でもなく、今、目の前にいる夫にそのことを相談しようと思った。

ケース11 母をガッカリさせない結婚のための、離婚相談

ホク子の問題

有名私立大の文学部を卒業後、食品メーカーの営業部門に総合職として就職。大学の部活の同窓会で知り合った7歳上の夫と30歳で結婚。結婚してすぐに妊娠したが流産し、今も子供はいない。流産をきっかけに、過干渉で支配的傾向の強かった母との関係を思い出し、精神的に混乱し始める。


ホク子は結婚して2年目、子供はいない。

結婚してすぐに妊娠したが流産した。流産は悲しかった。そしてつらかった。流産後の処置を産婦人科でしたとき、診察台の上で涙が頬をつたった。

その日、実家から母が泊まりがけで来て付き添ってくれた。産婦人科の待合室のソファで、「大丈夫だからね」と手を握ってくれた母の表情は、言葉とは裏腹に「ガッカリ」そのものに感じられた。

夫はもうすぐ40歳、ホク子は32歳。時間の余裕はまだある。でもどうしても、次の妊娠に踏み切れない。また同じように流産してしまったらと思うと、自分や夫の悲しみよりも、あの日の母のガッカリした顔が思い浮かんで躊躇してしまう。

流産してからかれこれもう1年あまりが過ぎていた。

夫とは社会人になってから、大学の部活の同窓会で知り合い、最初から結婚を意識して付き合った。

交際期間は、もっぱら結婚の条件を整える準備期間だった。そして仕事のことなど、お互いに条件がすり合わさったところで、具体的な結婚の準備に入った。結婚式の日時の目星を付け、その前後での新居の確保を計画し、互いの実家への挨拶もした。

ホク子の両親に夫が挨拶に来た日、夫が帰ったあとで母は言った。

「私は、あなたが30歳までにちゃんと結婚できるのか、本当に心配だったのよ」「私は短大でいいって言ったのに、4年制に行って、なのに結局普通のお勤めだし、30歳までにお嫁のもらい手がなかったらどうするんだろうって」「でもあと少し頑張って、29歳のうちに結婚式をしてもらいたかったわ」

母はホク子の夫が思いのほか良い人だったから、安心して口を滑らせたのだろう。29歳で準備が整った結婚式はホク子が30歳になってから挙げた。

ホク子の両親は大手商社での社内結婚だった。父は国立大学を出て入社し、母は短大を出て入社し、ふたりとも経理部で働いていた。

「私が働いていた頃は、全部伝票を手で計算していたのよ」と母はいつも、まるで昨日まで会社に勤めていたかのように言うが、母は結婚と同時に退職し専業主婦となっている。子供は3人で、ホク子は兄ふたりに続く末っ子で、家族みんなから愛されるただひとりの女の子だった。兄ふたりは地元の公立の中学と高校に進んだが、母はホク子には私立の中高一貫の女子校への進学を勧めた。小学生ながら友達と離れるのは嫌だったが、母は「女の子だから、お嫁に行くことを考えて」とホク子に言った。ホク子にとって「お嫁さん」は、絵本に出てくるお姫様のようなイメージだった。「お母さんは私をお姫様みたいに思っているのか」と、そのときは母の言うことを愛情なのだと受け止めた。

ところが、進学した女子校でのホク子の6年間は、母との戦争のような日々だった。

ホク子は最初に親しくなった同級生に誘われて、ソフトボール部に入った。男の子のように髪の毛を短くして、春夏秋冬関係なく真っ黒に日焼けをしていた。母は、ホク子のソフトボール一色の学校生活を、強く非難、いや否定した。「何で女の子なのに日焼けをするの？」「ボールが顔に当たったらお嫁に行けなくなる」「女の子なのに大股で歩く癖がついたら恥ずかしい」

思春期ゆえの反抗期ということもあり、ホク子は、母の言うことひとつひとつにケンカ腰になった。すると母は、父や兄たちに、「あなたたちからもホク子に、ソフトボールはほどほどにって言ってやって」と加勢を求める。

「クソババア！」とホク子が怒鳴ったときには、母は顔面蒼白(そうはく)で涙を流して、「お願いだからそんな言葉は、使わないで」「あなた、まさか外でもそんな言葉を使ってるんじゃないわよね」

と激しく動揺していた。

母はホク子に高校を出たら短大に進学することを求めた。

ホク子はなぜ兄たちが当たり前のように4年制大学に進学したのに、自分は短大と決められるのか、母の考えることがさっぱりわからなかった。そこでソフトボールに打ち込みつつも、それなりに勉強ができたこともあり、母の意見を意識的に無視して、自分で自分の進路を決めてしまった。

ホク子は有名私立大学の文学部に合格した。ホク子は喜びに舞い上がる気持ちと同時に、なぜか母の期待や思いを裏切った罪悪感を背負う心地もした。あのときも母の表情は「ガッカリ」しているように感じられた。

ホク子は大学でも体育会のフィールドホッケー部で、スポーツに打ち込む大学生活を送り、普通に就職活動をし、内定を得たいくつかの企業の中から、食品メーカーの営業部門に総合職で就職した。

大学3年生になり就職活動をし始めた時期から、ホク子は母といちいち対立しなくなり、打ち解けた話もできるようになっていった。

ホク子が流産してから、母は頻繁に連絡をよこし、1か月に一度は、土曜日か日曜日のどちらかで、ホク子の家に来るようになった。夫がいるときもあったが、そのうち夫も気を利かせてか、あるいは面倒だからか、母が来るときは用事を作って家を空けるようになった。当初は、「女にしかわからないデリケートな問題だから」と母も言い訳のように言っていたが、流産してから1年経っても、母が連絡をよこすペース、ホク子の家に来るペースに変わりはなかった。ホク子は、母が家に来るたび、流産した日の産婦人科での母の「ガッカリ」した表情が思い浮かび、心が重くなった。そして中学高校時代、母と諍いばかりしていた頃の気持ちがよみがえる。「お母さんがいろいろ言うから!」と、怒りとも甘えとも言い難い感情がわき上がる。流産を機に、ホク子の生活への介入を容赦なく増やしてくる母。そんな母に苛立ち、子供の頃のように「このクソババア!」と怒鳴りたくなったり、脳内に「あなたにはガッカリしたわ」という母の声が空耳で聞こえたりした。

そんなとき、母はこう言った。

「流産って、旦那さんとの相性の問題だと、言う人もいるじゃない」「ホク子、今ならまだやり直せるのだから」「無理しなくていいのよ」「もともと健康なんだから、今じゃ40歳での出産も増えているのだから、やり直してみなさいよ」

ホク子と弁護士の会話

弁護士　「それは本当につらかったですね」

ホク子　「私は離婚できるのでしょうか?」

弁護士　「離婚できるかどうか……で言うと、旦那さんが『離婚してもいい』と言ってくれれば、どんな理由でも離婚届は出せますが」

ホク子　「夫は離婚してくれるのでしょうか?」

弁護士　「ちょっと待ってください、そんなこと私にはわからないし、そもそも旦那さんにまだ離婚の話はしていないんですよね？」
ホク子「ええ。していません」
弁護士「ホク子さんは離婚を決めているのですか？」
ホク子「母が……母が『やり直せる』って言うということは、母は離婚したほうがいいって思っているということなんです」
弁護士「お母さんは、お母さんですから。それに離婚はあくまでも夫婦の問題ですよ」
ホク子「わかっているんです。頭ではわかっているんですが、いつも世間体を気にしている母が、『やり直せる』って言うのは、よっぽどのことです」
弁護士「お母さんは『離婚』って言ったわけじゃないですよね」
ホク子「でも、母はずっと私に、子供の頃から『女の子だから、お嫁さんに行くことを考えて』とばかり言って、私はそれに反発して……」
弁護士「お母さんが反対していた結婚だったのですか？」
ホク子「そういうわけではないですが、母が『やり直せる』って言うのなら、そうしなきゃまた『あなたにはガッカリした』って思われる気がして、母の言う通りにしてガッカリさえさせなければ……」
弁護士「ホク子さんの人生ですよ」
ホク子「でも平凡な人生なんだから、わざわざ母をガッカリさせなくても」
弁護士「ホク子さん、落ち着いてください。離婚は夫婦で決めることなんです。旦那さんには話していないのでしょう？」

ホク子「はい」
弁護士「ホク子さんは、流産がとてもつらかったんだと思います。お子様が生まれるのを楽しみにして、待ち望んで、赤ちゃんが生まれたら、みんなが幸せになると思ったんですよね」
ホク子「でも、やっぱりうまくいかなくて、母に『ガッカリした』って言われて」
弁護士「ホク子さん。お母さんは『ガッカリした』なんて言っていなくて、ホク子さんにはそんな顔に見えただけですよ」
ホク子「私は妊娠したとき、初めて母のことを気にしないで、自分だけの自由な気持ちで、『幸せだ』って思うことができました」
弁護士「それだったらいいじゃないですか。離婚する必要ないんじゃないですか？」
ホク子「母は納得してくれるのでしょうか」
弁護士「本当に離婚を考えているなら、話し合うのはお母さんじゃなくて、旦那さんだと思いますよ。今はまだ、法律の話にも全くなっていない段階です」

ホク子は弁護士の言うこと、ホク子の悩みが法律の問題じゃないのは、たしかにその通りだと思った。弁護士は占い師でもカウンセラーでもない。でも、こんな話を誰に真剣に話せるというのか。

夫に話をしても、母と娘の諍いに巻き込まれたくないと思うだろうし、流産したことについて、夫に心配をかけて気を遣わせることになってしまう。学生時代の友人には、「気にしすぎ」と笑い話にされるか、母と同じように「やり直せる」と言われそうだ。

でも、弁護士はいかにも弁護士らしく、「離婚は夫婦の問題です」「ホク子さんの人生ですよ」という真面目なことしか言わなかった。離婚を決めるのは法律かもしれないが、離婚の道を選ぶかどうかは本人自身だ。そんなときホク子の脳裏をよぎるのは、産婦人科の待合室での、ため息が今にもこぼれそうな母のガッカリした横顔だ。ホク子にとって母は法律よりもリアルな鉄格子だ。

そんな悩みをよそに、母はまだホク子の家に通い詰めていた。その日は、母が来たにもかかわらず、夫も一緒に家にいた。さらに、珍しく夫が夕食を用意してくれた。夫は言葉数は少ないが、優しい人だ。その分、言わなければいけないことも言わず、見て見ぬフリをするのも得意だった。すると母は言った。

「ホク子にはもったいないわ」「こんな優しい旦那様」

また……。ホク子はカッとなって、母の顔を盗み見た。そのときの母の顔はあの日と同じ、今にもため息がこぼれそうな「ガッカリ」の横顔だった。

「私が離婚したらお母さんは納得するの？」「私がお母さんの言う通りの部活や学校を選ばなかったことが、お母さんはそんなに気に入らないの？」ホク子の心の中には、次々と言葉があふれ出す。でも涙がこぼれるだけで、それらは言葉にならなかった。

母は、ホク子があまりに取り乱したので、夫が作った夕食も口にせずに、そのまま帰っていった。

母が帰ったあと、夫が話してくれた。

いつも涙を見せないホク子が、流産の処置の日、涙を流しているのを見て、母は動揺したという。母は、「私がもっとおおらかに育てていたら」と自分を責め、「流産になって申し訳なかった」と、泣き崩れて夫に謝ったというのだ。夫は流産のことよりも、母との関係を「ちゃんとする」ことがホク子のためだと思い、母にもっと家に来るようにと声をかけたそうだ。夫はまさかそれによって、精神的にホク子を追い詰めるとは思っていなかったと、謝った。

夫から母の気遣いを聞かされ、また、夫なりの気遣いを聞いて、ホク子は、ようやく心の平静を取り戻せた。そして、母や夫の「口にもしていない言葉」を勝手にふたりの表情に読み取って、相手を疑い、困らせていたのは自分だと悟った。

流産したことはとても悲しかったし、ホク子自身が一番しんどかったのは事実だ。だが、母や夫が、わざと意地悪くしているように曲解するのは、どう考えても自分がおかしい。

母は、たしかに子供の頃からホク子を「操り気味」だったが、それもホク子のことを思ってのことだろう。「お母さんは何も教えてくれないくせに、私を縛ってばかり！」と、すべてを母のせいにしていたのは、ホク子の問題だった。

そもそも結婚の幸せは、母に認められることでも、夫に満足してもらうことでもなく、自分が幸せを実感することなのだと素直に思えた。

そんな自分の「思い込み」で、「母が離婚しろと思っているに違いない」と考えて、弁護士にまで離婚の相談に行ったことを恥ずかしく思った。

ホク子は、やっと自分と母のことを言葉に整理して、夫に話すことができた。夫は、ホク子の気持ちの整理を、時に一緒に涙を流して聞き、「子供のことは、いつかその気になってからでいいよ」と言ってくれた。

「ホク子にはもったいないわ」「こんな優しい旦那様」という母の言葉は、本当にその通りだった。

ホク子の心の中から「離婚」という言葉はフワッと消えていた。

ケース12 「雲の上」の存在だった、夫のモラハラ度

ラメ子の問題

国立大学を卒業後、保険会社の営業職として勤務するが、弁護士の夫との結婚を機に退社。現在は1児の母で専業主婦。夫とは社会人になってから通い始めた司法試験予備校で知り合う。弁護士である夫に対する劣等感を抱きながらも、夫の言動が自分に対する「モラハラ」ではないかと疑念を持ち始める。

ラメ子はそこそこ名の知られた国立大学を出たものの、文学部というのが仇（あだ）になったのか、第一志望の企業からは内定をもらえなかった。大量採用の保険会社からようやく内定を得たが、ラメ子自身、自分は「使い捨て営業職」にしかなれないと最初から思っていた。

ありきたりな将来に漠然と不安を抱いたラメ子は「転ばぬ先に、資格を取るしかないだろう」と思い、目指すなら大きな目標がいいかと、司法試験の予備校に通うことにした。

「とりあえず資格と考えてしまう自分は、なんてありきたりなんだろう」と思ったが、ラメ子自身、自分のことを本当に「ありきたりな人間」だと感じていたから、まずは地道に勉強して

みようと思った。

夫とはその予備校で出会った。夫はすでに司法試験に合格しており、司法修習生という研修生になるのを1年ずらして、予備校で講師やチューターの仕事をしていた。

とりあえず予備校に入ってはみたものの、司法試験の勉強の難しさに自分の身の程を知ることになった。ラメ子にとって、すでに司法試験に合格している当時の夫は「雲の上」の存在だった。そんな夫がいよいよ司法修習生になることになり、予備校を離れる前に受講生らで壮行会を開いた。

そこで初めて夫と親しく話をした。司法試験合格者という「雲の上」の存在は、酔っ払っていてもくだらないことを言っていても、どこか「世の中のことを、何でも知っている人」のように映る。ただ、社会人経験のあるラメ子はほかの予備校生らとは違って、ある程度の落ち着きもあったのだろう。壮行会のあと、夫から頻繁にメールが来るようになって、何となく付き合うことになった。

ラメ子は保険の営業と並行して司法試験予備校に通っていたが、どうしても休みがちになった。休んだ講義のビデオ補講も追いつかず、2年間のコースを何とか終えるときの模擬試験もさんざんな結果だった。

その頃、夫はちょうど司法修習生の研修期間も終盤で、弁護士としての就職先も決まっていた。そのタイミングでラメ子は、一度も司法試験を受けることなく司法試験の勉強をやめた。

夫は「たくさんの報われない受験生を見てきたから、そうなる前にやめて良かったよ」と言ってくれた。

社会人になって思わず資格試験を目指した「ありきたり」なラメ子は、資格試験は「ありきたり」な流れであきらめ、仕事の評価も成果も「ありきたり」なまま30歳になったとき、夫と結婚した。

司法試験の予備校に通っていることを会社には隠していたこともあり、周囲からは「いつの間に弁護士と」と、冷やかし半分やっかみ半分の反応がされた。だが結婚式では、夫が勤務する事務所の代表弁護士の主賓挨拶があまりにもぎこちなかったことや、同期の弁護士の余興とメッセージが信じられないくらい下品な内輪ネタだったことから、結婚式に参加したラメ子の友人らは異口同音に、「弁護士と結婚するのって大変そうね」と言った。

ラメ子は結婚後もしばらく仕事を続けたが、妊娠・出産を機に退職し専業主婦になった。夫からは「いつか独立するから、そのときは事務員として働いてほしい」と言われている。

ただラメ子としては、子供に手がかかる間は、夫には固定給のある勤務弁護士でいてほしかった。弁護士の給料体系は2本立てで、事務所からの固定給のほか、自分で受けた案件についての自営業者としての収入もある。ラメ子の夫も、自営業者としての所得には確定申告が必要だ。

ラメ子は、子供ができる前の共働き時期も子供が生まれたあとも、2月になると夫からドサッと渡される1年分の領収書などをまとめ、確定申告の手続をした。「保険会社勤めだったんだから、数字には強いだろう」と夫には言われ、ラメ子も夫に言われるままに「そうなのかな」という気持ちだった。

とはいえ確定申告はわからないことだらけで、ネットで調べたり本で調べたり税務署に聞きに行ったり、悪戦苦闘した。そもそも夫からドサッと渡される領収書の束にもいろんなものがあり、「こんな費用が弁護士の仕事の経費になるのか？」と、正解を誰にも聞くことができず、確定申告の都度、神経をずいぶんすり減らした。

確定申告後、しばらく経つと払いすぎた税金が、夫の口座に還付金として戻ってくる。そのとき夫はホクホク顔で、「同期の奴なんて、こんな簡単な確定申告を、何万円も費用払って税理士に依頼しているんだって」と言った。

ラメ子はタダ働きだ。なのに夫がラメ子に礼を言うことはない。

子供が3歳になり幼稚園に通う頃になると、ラメ子にも少し時間の余裕ができた。夫の収入が良かったので、家計のためにラメ子が外に働きに出る必要はなかった。夫は相変わらず、「いつか独立したらラメ子に事務員をしてもらって」と言っているので、ラメ子も次に働くのは夫が独立開業したときだと思っている。

ラメ子はそこでまた「ありきたり」だなとは思ったが、新聞の折り込み広告にあった「簡単な資格試験の通信講座」を取ることにした。せっかくなら将来何かの役に立ちそうなものをと、行政書士の講座を選んだ。講座のテキストは読みやすく、「なるほどこれは勉強しやすい」というものだった。そんな行政書士の資格の勉強を始めた頃、ラメ子は久しぶりに早く帰ってきた夫に、「こういう規制があるんだってね」と行政書士試験のテキストで得た知識を話した。ラメ子は共通の話題のつもりだったが、夫は「行政書士の勉強ぐらいで、何はしゃいでるの!?」「司法試験のマークシートの択一試験も、ろくに受験していないのに」と、ラメ子をバカにするように笑うだけだった。

その瞬間、新しい勉強を始めて風船のようにワクワク膨らんでいたラメ子の心が、一瞬でプシュンとしぼんだ。往来で突然水を浴びせられたような、裸で人前に立たされたような、自分がとても恥ずかしい存在のように思えた。

ラメ子はその日の気持ちを、ペンネームで書いているネットのブログにアップしてみた。するとコメント欄に「それはモラハラ被害かも」という書き込みがあった。スマホで「モラハラ」と調べると、モラル・ハラスメントの略語が「モラハラ」だとわかった。そして「モラハラ」でネット検索すると、いろんな「モラハラ」体験談を読むことができた。

ラメ子はひとつひとつを食い入るように読んだ。もしかして今まで気づいていなかっただけで、「私もモラハラの被害者ではないか」と疑い始めたのだ。

夫は手の込んだ料理を作ったときも、「ありがとう」「おいしいね」ではなく、「これ、うまい具合に作ってあるね」とまるで批評家だ。子供をスイミングに通わせることを夫婦で話し合ったときも、「送り迎えはキミの責任でね」と夫は言った。もちろん専業主婦だから、送り迎えはラメ子がすることになる。だが、それは「責任」というより、夫婦の役割分担ではないか。ラメ子がテレビを見ながら子供に、「あの人、悪いことをしたから、お巡りさんに逮捕されちゃったね」と言うと、「逮捕だけで悪いって決めつけて、キミも挫折したとはいえ予備校で、憲法も刑事訴訟法も勉強しただろうに」と夫は畳みかけてくる。

夫はラメ子のことを褒めず、ラメ子のことを子分のように扱い、ラメ子が何か言えば否定した。夫は怒鳴りはしないが、いつも笑ってラメ子へのダメ出しをする。それこそ〈優しい王様〉としての、尊大な振る舞いではないか。「私は夫の価値観と生活基準の中だけでしか存在を認められていない」「そうか、私はモラハラの被害者だ」。ラメ子はいつしかそう思い始めた。

ラメ子と弁護士の会話

弁護士「久しぶりっていうか、僕のこと覚えてくれていたんだ？」

ラメ子「いや、ほら、今はスマホで何でも調べられるから。『離婚　弁護士』で調べたら、知っている名前の記事が出てきて」

弁護士「高校のとき僕は理系だったから、まさか『離婚弁護士』になっているとは思わなかったでしょ？」

ラメ子「うん。でも、私がまさか『弁護士の妻』になっているとも思わなかったでしょ？」

弁護士「うん。しかもラメ子ちゃんが一度は司法試験を目指して、予備校に通っていたとは」

ラメ子「私の夫とは面識はある？」

弁護士「ごめん。実は全く知らなくて。けっこう大きな事務所の勤務弁護士さんだもんね。僕みたいなマチベンとは接点が少ないかも」

ラメ子「だから聞きたいんだけど……私って『モラハラ』を受けているのかなって」

弁護士 「うん。今の話を聞いて、たしかに旦那さんには『モラハラ』の傾向があると思った」

ラメ子 「やっぱり？」

弁護士 「でもね、今の状態が離婚の理由になるほどの『モラハラ』かというと、僕は違うと思う」

ラメ子 「離婚できないの？」

弁護士 「離婚は、もちろん話し合いによって、お互いに納得して離婚届を出して、協議離婚をすれば、どんな理由だってできるよ。ただ、もし今の状況で、ラメ子ちゃんが絶対に離婚したいと思って、旦那さんが離婚を拒否をしたとする。それでラメ子ちゃんが裁判所に訴えても、裁判所は強制的に離婚させるほどの『モラハラ』とは認定しないと思う」

ラメ子 「ネットでモラハラの体験談とかを読むと、『あぁ、私だ』っていちいち当てはまるんだけど」

弁護士 「体験談は、何かしら自分と重ね合わせやすい要素が見つかるものだから。そもそもモラハラって漠然としていて、極端な場合、夫婦の力関係に少しでも優劣があることすら『モラハラ』と言う人だっているし。でも、裁判所に判決で離婚を命令させるほどに『モラハラ』があったと認めさせるには、DVや不倫と同じくらい、夫婦関係を修復不可能に破綻させるほどの、夫婦間での力関係の優劣や相手の行動に対する制限や相手の人格に対する否定があったと言えなきゃ、難しいと思うよ」

ラメ子 「どうすればいいの？」

弁護士 「旦那さんに魅力を全く感じなくなって、子供さんとラメ子ちゃんのふたりで生活できる確信ができて、それで離婚を切り出したときに、旦那さんがラメ子ちゃんに『逃げられない』ようなことを言い出したら、また相談に来てくれたらいいよ」

ラメ子の生活は、その後もあまり変わらなかった。

夫の言動は相変わらずで、その都度ラメ子は自分が価値のない存在のように思えて気持ちが沈んだ。それでも、今の余裕のある生活は夫の収入のおかげだったし、その生活を捨ててまで子供とふたりで生きていく覚悟はなかった。ラメ子は自分にも何か自信を持てたらと思ったが、夫に小バカにされてからは、行政書士のテキストも開けなくなっていた。「全部、夫のモラハラのせいだ」。ラメ子は念仏のように心でつぶやくようになった。

ある日の夜、ラメ子の妹が1歳の子供を連れてラメ子の家に駆け込んできた。妹とは仲の良い姉妹だった。もともとぽっちゃりの妹だったが、その日の妹は驚くほどゲッソリしていた。平日の夜11時を回り、夫も風呂に入って、あとは寝るだけという時間帯だ。妹は青ざめた顔で、「しばらく置いてほしい」と言った。

妹は泣いてもおらず、どこか宙を一点見つめるような呆(ほう)けた表情だった。

「旦那さんと何かあったの?」とラメ子が聞いたら、ようやく少しずつ話し始めた。

妹夫婦は「授かり婚」だった。旦那さんは恋人同士の間は優しく、妹が行きたいところならどこでも連れて行ってくれるような人だった。証券会社勤務の絵に描いたようなイケメンで、妹がずっと夢に描いていたハワイへの新婚旅行も叶(かな)えてくれた。

ただ、結婚してからすぐ、妹が料理を作っても旦那さんが手をつけず食べないことが多くなっていったという。「味がダメなのか？」「量が多いのか？」と妹が聞いても、「食べたくないから」としか言わない。妹の目の前で、手つかずの料理をキッチンのディスポーザーに流し、自分で皿を洗ってそのまま寝ることが何度もあったという。それでも朝、出勤前に「今日の晩ご飯は？」と聞くと、「家で食べる」と言って出かけていく。

だから妹は、「今日こそは」と腕によりをかけて料理を作るのだが、彼が無言で料理を捨てる姿しか思い浮かばない。もう何を作っていいのかがわからなくなり、夕方になると動悸が止まらなくなり身体が熱くなって、ハッと気がついたら時計の針が1時間も経過し6時になっている。そして慌てて何か作るのだが、「毎日、ほとんど料理に手をつけてもらえない」と妹は言った。

その話をしながら、妹は何度も咳き込み嘔吐した。まだ子供も1歳で、そもそも夜もあまり眠れていない様子だ。

「あなたはちゃんと食べられてるの？」と聞くと、妹は大粒の涙をこぼして、ここ数日はレトルトのお粥くらいしか口に運ぶことができないと言った。胸がつかえて固形物が飲み込めないという。それでも子供は守らなくてはと、ベビー用のレトルト食品とミルクで栄養だけは与えていたと、話してくれた。

ラメ子は、大好きな妹が、子供のときから何でも一緒にしてきた妹が、こんなことになっていたことがあまりにかわいそうで、ただただ抱きしめた。

今夜も、「食べたくないから」と旦那さんが料理を捨てたところで、妹の記憶が一瞬途切れた。何か叫んで食器を投げたようなイメージが残っているが、気がついたときには彼は寝室で寝ていて、テーブルの上には木製のサラダボウルがひっくり返っていた。その横には、『ハワイで買った食器なので、大事に扱ってください』と旦那さんの小さな字で書いたメモが置かれていた。

「これ以上、ここにいたら、子供を殺してしまう……」。妹は自分がまともではないと感じ、自分への恐怖から子供を抱いてタクシーに飛び乗り、ラメ子の家に来たのだという。

「それはモラハラ被害だよ」

インスタントのポタージュスープを、お湯で溶いて妹に作ってくれたラメ子の夫が言った。

モラハラ――。ラメ子がここのところ毎日、頭の中で繰り返していた言葉だ。

「私は夫にモラハラされている」「夫はモラハラをわかっていない」と思っていた。そんな夫が今、ラメ子の妹に、「それはモラハラ被害だ」と言っている。

妹は「モラハラ」という言葉は知っていたが、自分の状況がそれに当てはまるとは理解できていない様子だった。だが、妹は「離婚するしかないと思うが、離婚することを考えると相手のすごく冷たい顔が頭に思い浮かんで足がすくむ」とラメ子の夫に言った。

ラメ子はそのとき、相談に行った弁護士の言葉を思い出した。

「夫婦関係を修復不可能に破綻させるほどの、夫婦間での力関係の優劣や相手の行動に対する制限や相手の人格に対する否定」

そうか、もう妹は旦那さんのことを「夫」と呼べず、「相手」と言うことしかできないのだ。

家やあらゆるものを捨てて姉の家に駆け込んでも、そのほうが「まだまし」と思えるほど、もう自分の家では安心できなくなっていたのだ。

ラメ子は、弁護士である夫に劣等感を抱いている。でも、夫は弁護士なのにラメ子に頼らなければ、確定申告すらできない。もしかしたら、ラメ子が夫に感じているわだかまりは、「性格の不一致」の入り口程度の、言葉遣いへの違和感にすぎないのかもしれない。ましてや夜中に急に駆け込んできた妻の妹にスープを作ってくれた夫は、本当に「モラハラ夫」だろうか――。

「あのね、私の高校の同級生で、離婚をいっぱい解決してきた弁護士さんで、モラハラのことをちゃんとわかっている人がいるから、明日、とりあえず相談の予約をしようよ」と、ラメ子は妹に言ってみた。

「ラメ子、そんな友達いたの？　ラメ子、そういうところ頼りになるなぁ。きっとラメ子がそう言うなら、その先生にまず相談したほうがいいよ」と夫が言った。

ラメ子は、妹のことが一段落したら、夫に一度、「私に感謝しているなら、ちゃんと言葉で言ってほしい」と伝えてみよう。それから、夫が本当に「モラハラ夫」なのか、ラメ子なりの見立てをつけようと思った。

ケース13

家族を捨てた妻は、「ちゃんとした母親」がわからない

オフ子の問題

5歳の娘を持つ23歳の専業主婦。複雑な家庭環境で育ち、スナックで働く母は未婚のシングルマザー。祖母も結婚していない。中学の勉強もおぼつかず、高校には進学せずに上京し、先輩に紹介された店で働く。そこで客として出会った優しい夫と妊娠を機に結婚。娘が3歳になった頃、SNSで元彼とつながり、口車に乗って家を出て違法な風俗店で働くことになる。

オフ子は23歳。子供はひとり、女の子がいる。5歳になっているはずだ。今は一緒に暮らしていない。多分、子供は夫と暮らしているだろう。夫の両親は漫画に出てくるようなお祖父ちゃんとお祖母ちゃんだから、一緒に住んでいるかもしれない。

「私のことを思い出してくれるだろうか」。オフ子はアパートの窓の外をぼんやり眺めながら思う。

子供が3歳になったときに、「保育所に預けられないかな？」と夫に言ったら、「オフ子、働きに出るの!?」と聞かれた。オフ子はその日まで、保育所というのは小さい子供を何となく預けるところだと思っていた。そのとき夫から、保育所というのは働くママ・パパが子供を預けるところだと教えてもらった。オフ子は保育所と幼稚園は、何となく違うだけだと思っていた。昼間、家で子供とふたりでいると子供を追いかけ回すのがとても大変で、保育所に預ければ昼間ゆっくりできるかなと思ったのだ。

でもオフ子は会社で働いたことがなく今後も働くことは無理だと思うので、保育所の話はそのまま流れた。

オフ子は、そのことをＳＮＳで再会した元彼にＬＩＮＥで伝えた。元彼は「オマエは俺らと一緒にいるほうが、ちゃんと仕事できるって」とすぐに返事をくれた。夫は優しかったし、無理強いもしなかった。自分が「いつの間にか」「ママ」になっていたことが、不思議だった。地元で仲間たちと何となく笑ったり話したりしていたほうが、「自分」だったような気持ちがふと湧いた。

オフ子は、お祖母ちゃん子だった。というよりお祖母ちゃんの家で育った。祖母はボートレース場のチケット売り場で働いていた。オフ子と姉は、小学校が終わると祖母の住んでいる団地の家に帰った。ランドセルにゴム紐で結んだ鍵で玄関を開けて部屋に入り、テレビを見ながら祖母の帰りを待った。祖母はたいてい近所のスーパーで、何か晩ご飯を買って帰ってくる。

テレビを見ながら3人で食べて、夜になって父が迎えに来たら、父の運転する車で、ランドセルを持って家に帰った。そして朝は父の車で、学校に送ってもらう。

母は駅前のスナックでママをしていたので、夜が遅い。日曜日は母が祖母の家に来て、オフ子と姉と一緒に過ごすことがあったが、今振り返ると、父と家に帰ったとき、そこに母がいた記憶はない。

オフ子の父は、車の運転が仕事だと言っていた。父が運転する車は、白だったり黒だったり大きなピカピカの車だったりした。ただ、小学3年生の頃から父とは会っていない。オフ子と姉にはいつも優しい父だったが、母と祖母に父のことを聞いたら、「もう会えない」と言われた。

母は相変わらず夜は仕事で、日曜日になるとオフ子と姉と一緒に過ごした。その頃から祖母の団地が、オフ子と姉と母の家になった。

オフ子の学校の行事には祖母が来てくれた。祖母はパーマをかけていたし、明るい色の服をよく着ていた。オフ子の同級生の母親が、「オフ子ちゃんのお母さん」と祖母のことを呼んだとき、祖母もそれを聞き流したし、周りも特に変な顔をしなかった。オフ子は「お祖母ちゃんなのに」と思ったが、たしかに参観日にほかの同級生の母親とオフ子の祖母が並んでいるときには、同じような年齢に見えた。クラスメイトに、「オフ子ちゃんのお祖母ちゃん、若くていいね」と言われたときに、「若くていい」とは思わなかったが、どうもうちの家族の年齢はよそと違うんだとわかった。

オフ子の10歳の誕生日に、母の30歳の誕生日のお祝いも一緒にした。そのときは祖母の母親という人も来て、駅前のファミレスに行った。そのときしか会っていないが、祖母の母親を見て、「テレビに出てくるようなお祖母ちゃんだ」とオフ子は思った。祖母は当時、48歳だった。

オフ子と姉は2つ違い。オフ子にとって遊び相手はいつも姉だった。ふたりで少女漫画の雑誌を読んで、そこに出てくる姉妹アイドルがうたう歌の振り付けを一緒に練習した。小学生になると、祖母の化粧箱をあさって、お互いに髪の毛の編み込みをしてみたり可愛いリボンの結び方を試してみたりした。オフ子も姉も勉強は嫌いだったから、宿題はしなかった。祖母にも母にも怒られないから、学校で教師に怒られても平気だった。

姉が中学校に入ると、なかなか一緒に遊べなくなった。オフ子が小学6年生、姉は中学2年生の夏休み、「先輩たちと海に行く」と言って姉は出て行った。オフ子の地元の県には海がないから、オフ子は羨ましいと思った。姉が家に帰ってきたのは、夏休みが終わる日だ。髪の毛が外国人のように金髪になっていて、肌は真っ黒に日焼けしていた。さすがにオフ子も姉が「不良になった」と思った。ちょっと怖いと思ったが、大人になったようなにおいの姉をカッコいいなと思うオフ子だった。

それからしばらくして、また姉が家に帰ってこなくなった。海に出かけたときは、祖母がよく姉に電話していたけれど、今回は祖母が姉に電話をすることはなかったし、祖母も姉の居場所を知っている様子だった。祖母は「今日はお姉ちゃんに会いに行く日だ」と言って、仕事を休むことが何回かあった。

またある日は、オフ子が家に帰ると祖母だけでなく母も家にいて、オフ子の知らない大人ふたりと話し込んでいたことがある。その大人ふたりは、姉が好きな歌手のCDやビデオの名前をノートに書いて帰っていった。

オフ子は中学生になった。姉は帰ってこないままだったが、祖母と母は特に変わりなく生活していた。中学の入学式には、祖母と母と3人で行った。中学校に入ってすぐ、昼休みにオフ子の教室に3年生の女子が来た。その上級生は、姉の友人だと言った。姉が中学に通っていたなら、たしかに3年生だ。

そのときオフ子は初めて、姉が「学園」というところにいることを知った。姉の同級生が言うには、姉には「彼氏」がいたらしく、その「彼氏」が「ごめん」と言っているというような、そんな話だった。オフ子はもともと人の話を頭に入れるのが苦手だったので、何となく黙って話を聞いているふりをした。オフ子は、中学校で友達ができなかった。そもそも小学校でも友達がいたのか、よくわからない。何となく話しかけられたら、話を合わせたり、うなずいたり笑ったりはしていた。中学校では、話しかけられることもなくなった。

授業の中身は全くわからなかった。英語も、数学も、国語も、社会も、理科も、オフ子にとっては全部同じで、「よくわからない」だけだ。中学校でのテストは0点とか、3点とかだった。その点数を見たクラスメイトに初めて話しかけられた。

「オマエ、そんな点数ってすごいな。恥ずかしくないの!?」と言われた。恥ずかしいことなのかどうかオフ子にはわからないから、笑って適当にうなずいた。

学校を出れば、駅前のハンバーガー店に姉の同級生たちがいつもいた。オフ子はほぼ毎日そこでLサイズのコーラを頼んで、夜まで何となく姉の同級生たちと一緒に過ごした。姉が中学2年生の夏に海に行って、そこから大人の男の「彼氏」ができて、でも警察に補導されて、今は児童自立支援施設というところに入っている、というのも姉の同級生たちから教えてもらった。

中学を卒業した先輩は、オフ子の顔に化粧をしてくれた。小学生のときに、祖母の帰りを待ちながら、姉とリボンを結んで遊んだときのようだった。姉の同級生や先輩たちはオフ子に優しくて、オフ子がものを知らないことも笑わなかった。きっと周りからは「不良」に見えるのだろうなと、オフ子は思ったけれど、別にほかにすることもなく「不良」の実感もないから、それは気にならなかった。

「ねぇ。オフ子って、もう生理来てるよね?」と姉の同級生に聞かれた。オフ子はうなずいた。「実は、男の先輩でオフ子のこと、めっちゃタイプって言ってる人がいて。彼女になりなよ」と言われた。その日、姉の同級生が言う男の先輩はハンバーガー店までオフ子を迎えに来て、そのままオフ子は朝まで一緒に過ごした。その日から仲間内では、オフ子はその先輩の彼女ということになった。

初潮は、小学校6年生の夏。姉がちょうど海に行って帰ってこなかった夏だった。祖母や母はそれまでオフ子にこれといって何も教えてくれなかったのに、ナプキンやタンポンの使い方をやけに熱心に教えてくれた。生理が来たら子供を産める身体になるから、「男には気をつけるように」と祖母にも母にも言われた。オフ子は、それまでも、祖母の買っている女性週刊誌の大人の漫画をいつも読んでいたから、「一通りのこと」は知っていた。

オフ子と祖母は母のスナックにふたりで行くこともあった。そこで祖母がうたう中森明菜の歌がオフ子は好きだった。オフ子は先輩の彼女になって、学校にも行かず、先輩の車で夜を過ごしながら、「中森明菜の歌の主人公」になっている気持ちになった。

祖母と母からは、「生理が来なくなったらすぐに言うのよ」と言われた。


中学校はいちおう卒業した。同級生の顔はあまり思い浮かばない。オフ子は夏休み、冬休み、春休みごとに、学校に呼び出されて、教師に言われるまま、書いてあることを紙に書き写した。英語の字もあったし、数字もあったし、世界地図みたいなのの色分けもした。それで「卒業させてやるから」と、教師たちは言った。

中学1年生から付き合った彼氏とは中学の卒業まで付き合ったけれど、妊娠もしなかったし、彼氏が浮気ばっかりしていたから、別れることにした。母からは、「18歳ってことにして、うちの店で酒の作り方から覚えたら」と言われたけれど、姉の同級生の先輩が東京で働いていたから、自分もそっちがいいと思って東京に行くことにした。先輩の紹介で、新宿のマンションが寮のようになっている、お店の仕事に就いた。


夫は店の客だった。オフ子のことが好きだと言って、通い詰めた。地元ではオフ子のことを好きだという男は、前の彼氏にせよ仲間内の先輩にせよ、みんな「不良」だった。夫は高校も大学も出ていて、会社で働いていた。オフ子は高校と大学がどんなところかも想像できなくて、会社で働くということも、何となくしかわからなかった。テレビの『クレヨンしんちゃん』で、しんちゃんのパパが仕事に出かけるようなことしか、思い浮かばない。夫はイケメンで、オフ子も何度も誘われたことが嬉しかったので、お店のアフターでも会うようになった。

オフ子は、夫との初めてのアフターでホテルに行った。何度か夫とアフターでホテルに行っているうちに、男と夜に遊びに出るというのは、そういうことだと思っていたから。オフ子は生理のタイミングを中学生のときからいつも気にかけていたから、生理が来なくなった。オフ子は「あ、妊娠した」と思った。堕ろしてもいいと思ったが、夫から「結婚しよう」と言われた。

オフ子はそれまで結婚ということを考えたこともなかったし、祖母も母も結婚をしていなかったから、よくわからなかった。でも夫が、「オフ子は仕事をしないで家にいたらいいから」と言ってくれたので、働かなくていいのならと結婚することにした。

オフ子と弁護士の会話

弁護士「オフ子さんは夫さんと別居していて、多分子供さんは夫さんが、夫さんの実家でご両親と一緒に育てているだろうと、いうことですよね？」

オフ子「はい。多分……」

弁護士「事情は、あらかじめ女性支援センターの人から聞いているのだけど、内容の確認をしますね」

オフ子「はい」

弁護士「21歳のときにSNSで中学時代の彼氏と再会して、その彼が東京でお店をしているから、そこで働かないかって言われて家を出た」

オフ子「元彼にLINEを教えてやりとりしていたら、あるとき『人足りないから手伝って』って言われて、元彼だから大丈夫かなと思ったら、ただの『本番アリ』で」

弁護士「でも、断れなかった……」

オフ子「元彼とLINEやっている中で、保育所のことを知らなかったこととか、育児が大変だとか愚痴ってしまっていて」

弁護士「それで元彼に何か言われたの?」

オフ子「『オマエは俺らと一緒にいるほうが、ちゃんと仕事できるって』って元彼にLINEで言われて、私も普通のママとか、正直、そのときできる自信がなくて」

弁護士「それで、子供を置いて家を出た」

オフ子「はい」

弁護士「ただ、その元彼のお店が派手に違法なことをしていたから警察に摘発されて、お店も潰れて、女性支援センターにつながったんだよね」

オフ子「警察の人からセンターを紹介されたときは、正直ウザいっていうか、地元のときからセンターみたいなのは一番信用できないって、みんな言ってたから」

弁護士「で、どうでした?」

オフ子「センターは、アパートみたいになっていて、何人か同じように風俗やってた子たちが暮らしていて、相談に乗ってくれるお姉さんたちの中にも同じように風俗やってた人もいて」

弁護士「いろいろ話せたんだ？」
オフ子「私、今まで自分が『これがしたい』って全然なかったから、お姉さんに言われて夜間中学に行ったら、ちょっとだけやり直したいなって思って」
弁護士「夫さんと？」
オフ子「私が悪いから……怒られると思うけど」
弁護士「僕は、オフ子さんが悪いとは思わなくて、誰が悪いって、その元彼が悪いじゃんって、思うんですよ」
オフ子「でも、普通だったら夫は許さないですよね」
弁護士「でも、夫さんからは今まだ離婚とか何も言ってきていないのだから」
オフ子「弁護士さんの仕事で、やり直しとかお願いできるのですか？」
弁護士「家庭裁判所でも、『夫婦関係円満調整調停』っていう仲直りすることを目的にする話し合いの手続があるし、僕は弁護士の仕事として仲直りするお手伝いもしたことはありますよ」
オフ子「私はできますか？」
弁護士「それは夫さんとオフ子さんの話し合い次第じゃないかな。話し合いはあくまでも対等だから」

オフ子は、夫婦関係円満調整調停というのを家庭裁判所に申し立てた。家庭裁判所のことは、中学のとき仲間内で「カサイ」と呼んでいたから、何となく知っていた。
ただ家庭裁判所では夫とは会えず、裁判所の調停委員というオジサンとオバサンに根掘り葉掘り昔のことを聞かれるだけだった。それが何回も続くなら気持ちが萎えるなと思ったが、結局家庭裁判所に行ったのはその1回だけだった。

夫の希望で弁護士の事務所で、夫と直接会うことになった。

夫に会うとき、オフ子はどんな顔をしていいのかわからず緊張した。弁護士からは事前に、「無理して大げさに謝る必要はない」と言われたので少し落ち着いた。夫に怒鳴られるのかなと思ったけど、夫は怒鳴らなかった。「無事で良かった」と泣いていた。

でも、夫は「本当は離婚したい」「子供をこっちに渡して、一生会わないと約束してほしいくらいだ」と言った。それなら会う必要もないじゃないかと、夜間中学に通いやり直したいという心に灯った光が、冷や水を浴びせられて消えてしまいそうな気持ちになった。

ただ、夫が「本当は」と言ったように、夫の条件は「離婚しない」ことだった。夫の希望は、夫が借りるアパートにオフ子がひとり暮らしをして、そこから毎週日曜日夫の実家に通って子供と晩ご飯を食べる、ということだった。離婚はしない代わりに夫が生活費を出すというのが、夫の条件だった。夫はオフ子に、「子供に悪影響だから、外で仕事をしたいと思わないでくれ」と言った。

オフ子は、夫に申し訳ない気持ちだった。「離婚する」と言われたら、むしろするつもりだった。どこかで「やり直し」ができていたらというのは、オフ子自身が一番思っていることだった。少しでも世間が言う「ちゃんとした母親」に、オフ子もなりたいと思っていたから、夫に頭を下げて「お願いする」つもりだった。夫からすれば、それは「虫のいい話」だろうから、夫に「申し訳ない」と思って、頭を下げるつもりだった。

でも夫は、オフ子自身が「やり直す」気持ちを灯していることにはあまり興味がないようだった。「無事で良かった」というのは、もしかしたら子供に対しての、「お母さんは死んでいない」という、そういう気持ちだったのかもしれない。子供のために離婚はせず、子供のためにアパートに閉じ込められ、子供のために夫の両親の家に毎週日曜日呼び出される。オフ子の気持ちが萎えることばかりだった。

それでも夫は、「いい条件だろう」と言った。母も祖母も結婚していないオフ子に、中学校すら満足に通っていなかったオフ子に、時代遅れの「不良少女」だったオフ子に、風俗の仕事しかしたことがないオフ子に、男に騙(だま)されて家族を捨てたオフ子に、制裁ではなく衣食住を世話する「素晴らしい夫」に対して、感謝するのが当たり前だということだろう。


オフ子は、夫の条件を断ることにした。そして、離婚をしてほしいということを伝えた。子供を育てるのは、夫にお願いしたいと伝えた。オフ子は、子供には会いたかったが、今の自分では子供を十分に育てられないと思った。オフ子の母も、育てられないから祖母にオフ子と姉を預けたが、それでオフ子は今こうなっている。だから夫には、子供が自分に会いたがってくれるなら、時間も作るしちゃんとした服装もするから会わせてほしいとだけ言った。

オフ子は話すのが苦手だったから、うまく言葉では伝えられなかった。悔しくて悔しくて涙が出て、嗚咽した。一緒に暮らしていたとき、子供が泣いて面倒だと思った自分に腹が立って泣いた。元彼の呼び出しに「ヤバいな」と勘づきながらも、「どうせ私は不良なんだ」と開き直った自分が情けなくて泣いた。姉が帰ってこなかったとき、母と祖母に「どうしてお姉ちゃんは帰ってこないの？」と聞かなかった自分がかわいそうで泣いた。姉とふたりで祖母の帰りを待ちながら、「こんなの寂しいね」とお互いに思っているのに言葉に出さなかったことを思い出して、また寂しくて泣いた。

夫は、「離婚はやっぱりしたくない。いつでも連絡できるようにだけは、しておいて」「お金に困ったときも連絡してくれたらいいから」と言い残して、その日は帰った。

けれど結局その翌日、弁護士のところに夫から連絡があり、夫からの離婚届が送られてきた。オフ子は「初めから、そうしてくれたら良かったのに」と思いながら、弁護士の事務所で離婚届に名前を書いた。

ケース14
同業の夫より有能な検察官の妻が算段する、離婚までの道筋

ハニ子の問題

同期の夫とともに検察官として働きながら、男児を育てる30代後半。検察官としてのハニ子の評価が高いことも相まって、夫の資質、能力に物足りなさを感じている。夫が地方都市の検察庁に単身赴任中、バツイチで検察官としての能力も高い上司と不倫関係になる。離婚して上司と再婚し、彼の子供を産みたいと望んでいる。

ハニ子は検察官。夫も同期の検察官だ。閉鎖的な組織だからか、検察庁は社内結婚が多い。役所なのになぜかみんな自分の組織を「会社」と呼ぶ。

検察官は、およそ2年から3年の周期で、都心部と地方を往復するように異動がある。夫婦がともに検察官の場合は、ある程度赴任地への配慮はあるが、配慮だけを求めていたら出世はできない。それでも女性検察官であれば、育休を取ることも許される雰囲気だし、子供が小さいうちは時間に余裕がある部署に配属してもらいやすい。男性検察官であれば、育休を申請す

るだけで大騒動だ。

ハニ子は子供が生まれたとき、1年間の育休を取った。そして育休明けで職場復帰すると同時に、夫が地方の検察庁に異動となり、単身赴任となった。

育休から職場復帰したハニ子の上司は、検察官としてのキャリアはそこそこで、しかしトップに上り詰めるコースからはぎりぎり外れた男だった。上り詰める野心をポキッと折られたが、まだ蓄えられた力がみなぎるギラギラした男だ。バツイチだという話だった。

ハニ子は、検察庁を見回して同世代の男性検察官に対しては特に、「何でこんなに仕事ができないのだろう」「何でこの人は検察官になれたのだろう」と思うことが少なくなかった。ハニ子は自分でも洞察力と判断力は、悪くないと思っていた。周囲から「優秀な女性検察官」と言われるたび、言葉では謙遜していても、「たしかに私は相対的に優秀なのだろう」という実感もあった。

同世代の男性検察官に感じる思いは夫に対しても同じだった。

夫はそもそも人柄が弱気だった。だからこそ家庭内では、ハニ子が主導権を握ることができた。しかも夫は検察官としての厳しさを欠いていた。夫は几帳面さに救われて、決定的な「ダメ認定」こそされていなかったが、「この人は出世しないな」ということをハニ子は肌で感じざるを得なかった。

ハニ子自身はもともと組織で上り詰めることよりも、そのときどきの現場で周囲から頭ひとつ出た評価を得ることに野心を傾けるほうだった。出産と育児を経験したハニ子は、「子供がいるからできないとは思わせない」と、さほど期待されていなくとも、すべてを平均80点で素早く処理し、部署内の仕事の円滑化にも貢献した。

同僚たちの称賛は負けた悔しさと羨望が織り交ぜられていたが、上司からの称賛は純粋なものだった。


ハニ子は次第に、夫や同僚たちと違う強さを持つ上司に抱かれたいという気持ちが湧くようになった。それでも最初は、自分に夫がいること、相手が職場の上司であることから、その気持ちを誤魔化そうとした。しかし、誤魔化そうとすればするほど、上司への思いは自分の中の生々しい感情を刺激した。

そんなハニ子の気持ちは、上司にも勘づかれたようだった。ハニ子が、「私の自宅で食事でもしないか」という大胆な提案をしたとき、上司はほんの一瞬だけ沈黙したが、「キミの都合の良い日で」とあっさり応じた。

その日、ハニ子は仕事が遅くなるからと子供を実家に預け、早めに家に帰って久しぶりのフルコースを自分で作った。そして残業を早めに切り上げた上司が、マンションのエントランスのインターホンを鳴らした。同僚でもある夫の単身赴任中に、子供を親に預けて、上司を家に呼び入れて関係を持つ背徳感に、ハニ子はゾクゾクした。上司もハニ子が誘った時点で、それが危ない橋だとはわかっていたはずだ。

そして、上司とハニ子はその日から関係を持つようになった。

検察庁という組織の中では、噂はすぐに広まる。しかし噂は噂でしかない。何か決定的な事実が明るみに出るまでは、具体的なことは誰も言わない。「上司と不倫している噂があるよ」「旦那さん、単身赴任中なんだし、気をつけなきゃ」と同僚から言われることはない。そして、離婚や再婚といった形さえ整えば、「そういうことだが、ケジメはつけた」となって、過去も含めて新しい関係が、組織の中でもみんなに承認される。

ハニ子は、上司との関係を重ねる中で、「何としてもこの人の子供を産みたい」と思った。夫との間の子供は男の子で、恐らく夫に似た。検察官を両親に持つとは思えない、良く言えば優しい、悪く言えば気弱な男に育つだろう。我が子を愛していたが、「どこか期待外れ」という思いをぬぐい去れなかった。この上司の子であれば、私は自分の子供に納得できる、そんな気がした。

ハニ子は30代前半。焦っていた。

ハニ子と弁護士の会話

弁護士「ハニ子さん、久しぶり。司法修習以来だね。僕はもう刑事事件をほとんど受けないから、法廷では会うこともないし」

ハニ子「同期の中では、離婚の問題はあなたが一番だと聞いたから、相談したくて」

ハニ子は今の状況を説明し、できるだけ早く夫と離婚し、上司と再婚したいということを言った。

弁護士「なるほど。ハニ子さんの旦那さんとは、僕が弁護士になって3年目のとき、国選

（国選弁護人）の刑事事件の公判で、一戦交えたよ。ごくごく普通の検察官だったけど、ハニ子さんには物足りないのかな」

ハニ子「男として物足りないくらいのほうが、仕事も家庭も両方持ちたい私にはちょうどいいという判断だったのよ」

弁護士「だけど、自分自身の仕事が整ってくると、物足りない男は足手まといだと……」

ハニ子「そこまで言うつもりはないけど、そう思われてもいい」

弁護士「これはいつも言うことだけど、離婚届の協議離婚なら、お互いが『離婚しよう』となれば、すぐにでも離婚できる。女性であるハニ子さんも、離婚後100日が経過すれば再婚もできる。でも、旦那さんが離婚することに同意しなければ、わかるよね？」

ハニ子「ええ。離婚をしたい私から、夫に対して離婚調停を申し立てて、調停でも離婚の合意ができなければ、離婚訴訟を起こして、判決で離婚を成立させるしかない」

弁護士「で、そこまでする覚悟ある？」

ハニ子「正直、検察官同士の夫婦で離婚調停までとなれば、何かしら仕事上の不利益があるように思う。夫は今、地方の勤務だから、夫の仕事場でもある裁判所に私が離婚調停を起こすのは、さすがに難しいわ」

弁護士「じゃあ、夫婦の話し合いで離婚をまとめる自信はある？」

ハニ子「そこが不確かだから、あなたに私の代理人として、夫との離婚をまとめる話を任せたいの」

ハニ子の弁護士は、ハニ子の目の前で、弁護士事務所の会議室で夫と電話した。

離婚にせよ何にせよ、弁護士が間に入る第一報は内容証明郵便とかだろうと思っていたが、弁護士は夫の携帯に自分の携帯からショートメッセージを送った。時計の針は夜の8時を回っていた。

「内容証明郵便は、送ったことの証拠を残すことに一番の意味があるから」「時間がかかった上に、下手に警戒させてもしょうがないでしょ」と弁護士はこともなげだった。

弁護士の携帯の呼び出し音が鳴った。

弁護士「もしもし。お電話いただいてすみません。ハニ子さんから依頼を受けた弁護士です」
夫「いえ、こちらこそ、弁護士さんって夜でも仕事の電話に出るんですね」
弁護士「弁護士は自営業ですから、定時上がりは基本ないので」
夫「さっそくですが、ハニ子の代理人としての話っていうのは」
弁護士「ハニ子さんから、離婚をしたいと、率直にそのお願いです」
夫「考える余地というか、選択権はないんでしょうか」
弁護士「もちろんこちらとしては、無理に離婚ができるとは思っていませんので、旦那さんに離婚を了解してもらえるよう、条件も整えたいと思っています」
夫「本当は、会って話すべきことですよね?」
弁護士「ご夫婦で会ってということですか?」
夫「いや、ハニ子とは会っても話にならないでしょうが、弁護士さんと会って話すべきかなと」

弁護士「もちろん、今日はご挨拶ですから」
夫「離婚を拒否するという回答も、ありなんですよね？」
弁護士「それはもちろんですが、ただ現実問題として、離婚しなかった場合、ハニ子さんも旦那さんも面倒なことになってもいいなら、というのが弁護士としてのアドバイスですね」

それにしてもだ。検察官の仕事上、口が重い被疑者や被告人に対して、いかに話させるのか、そのノウハウはハニ子にもある。それからすると、ハニ子の弁護士の夫への電話は、あまりにも柔らかすぎではないか。「離婚する気になったら、お電話くださいね」とあまりに緩く構えているようにすら聞こえた。ハニ子は、さっき弁護士と結んだ委任契約の、着手金30万円について、本当にこれで良かったのか……と、険しさのかけらもない弁護士の表情に、苛立ちも感じた。

弁護士が連絡をしてきたのは、ハニ子の目の前で夫と電話した翌週だった。「いい知らせですよ」と弁護士は言った。
「旦那さんは離婚することは、しょうがないと思っているみたいでした」。弁護士が言うには、夫は弁護士が電話で最後に言った「面倒なこと」について、「面倒なことっていうのは、うちの職場の内部のことですか？」と聞いてきたらしい。弁護士は、「同じ職場同士で調停とか訴訟は、面倒なことになるじゃないですか」とだけ答えたそうだ。
夫はこの間、何かしらの探りを入れて、誰かからハニ子と上司の関係についての噂を耳に入れたのだろう。

しかし、ハニ子と上司の不倫関係は、この場面では夫にとっては強いプレッシャーにしかならない。ハニ子の夫は、真実を目の当たりにするほどに、自分には選択権がないことを知ることになる。ハニ子の夫は真実を知ることこそが自分の首を絞めることになると感じつつ、弁護士が言った「面倒なこと」について、探りを入れてきたのだ。


弁護士は、こちらからの離婚条件を早いうちに夫に提案しようと言った。ハニ子もそれには同意見だった。ハニ子と上司が不倫関係にあるとの噂を知り、被害者であるにもかかわらず追い詰められた心境になっているのは夫のほうだ。そこで夫には、「助け船」のように見える好条件を提示すれば、すぐに飛びついてくるだろうというのが、ハニ子の算段だった。

「夫には、今すぐ離婚してくれるなら養育費はゼロでいいと言って！」とハニ子は弁護士に言った。

ところが弁護士がハニ子に示した、こちらが提案する離婚の条件は、ハニ子の考えとは真逆だった。

1　ハニ子を親権者として離婚する
2　夫はハニ子に毎月8万円の養育費を支払う
3　夫は子供の入学年の4月には養育費とは別に12万円を祝い金として支払う
4　ハニ子は、夫に慰謝料100万円を支払う
5　財産分与は特にせずそれぞれの自分の名義の財産を取得する

6　離婚の条件については職場などで第三者には互いに口外しない

ハニ子は絶句を通り越して、弁護士を問い質した。「なぜ、私が慰謝料100万円を夫に支払うの⁉」

ハニ子と弁護士の会話

弁護士「いわゆる離婚慰謝料は、離婚という人生のマイナスイベントについて、それを起こした責任があるほうが、責任がないほうに支払うものですよ」

ハニ子「知ってるわ。だけど、それをこちらが言うのは、私が『悪い』と認めることになるじゃない」

弁護士「でも、真実として、離婚の原因はハニ子さんの不倫にあって、もし旦那さんがハニ子さんや上司に慰謝料請求の裁判をしたら、100万円を超える判決になる可能性もある」

ハニ子「だけど今、夫は、私と上司の不倫を完全には知っていない」

弁護士「だから、こちらは条件として、慰謝料という名目をあえて出す。旦那さんは、この提案を見て、『慰謝料って何の慰謝料ですか？』って聞いてくると思う？」

ハニ子「聞いてきたら、泥沼よね」

弁護士「今回のハニ子さんの特殊な状況は、泥沼になっても誰も得しないことだよね？」

ハニ子「養育費は？」

弁護士「養育費は子供さんが大きくなったら、お父さんもちゃんとお金を出してくれていたと、わかるときが来るでしょう。払える人に払わせるのは、離婚とは全く別の問題だから」

ハニ子「でも、私は、養育費は別になくても……」

弁護士「自分の離婚したい気持ちのために、養育費をいらないっていうのは、子供から父親を奪って、自分のエゴを取るのと同じだよ」

ハニ子「弁護士は弁護士らしいこと言うわね」

弁護士「それに慰謝料の100万円も、結局返ってくることになるでしょう?」

ハニ子「でも、ますます慰謝料が、形だけ私が悪かったって認めるみたいじゃない」

弁護士「旦那さんは、自分より仕事ができる妻、自分より力のある上司、そこに対する引け目をすごく感じているよ。形だけでも、旦那さんの顔を立ててあげてもいいんじゃないかな」

ハニ子「勝てるところはどこまでも勝つ、情があっても一歩も譲らないっていうのは、私が検察官だから、そう思ってしまうのかしら」

ハニ子は、弁護士が考えた通りの条件を、弁護士を通じて夫に提案した。ハニ子は弁護士の説明に納得する気もしたが、半信半疑だった。なぜここで夫に対してさらに鋭く刺し込むような提案をしないのか。

しかしこれまた弁護士の言った通りだった。

夫はこの条件をそのまま受け容れ、ハニ子は夫と協議離婚できた。弁護士に依頼してから、3週間のスピード離婚だった。

「いつもこんな形で離婚交渉をしているの？」とハニ子が聞くと、弁護士は「まさか！」と大笑いした。依頼者の職業や性格の傾向、それに相手の性格を探りながら、あの手この手を考えると弁護士は言った。「勝ち負けを決めても誰も幸せじゃない場合なら、全員が少し勝った気分になれるよう、うまく人の気持ちを動かさないと」「ただし、弁護士が最優先するのは、依頼者が一番望んでいることの実現だけど」とも。

組織の中でも法廷でも、勝ち負けにこだわって生きているハニ子には、少しわからない世界だった。弁護士との委任契約では、「着手から1か月以内で相手が離婚に同意した場合は、約定の成功報酬に30％を加算する」となっていたので、弁護士報酬は思っていたより割高になった。しかしそれでもハニ子はあっという間に離婚ができて満足だった。

「夫が離婚になかなか同意しなかったら、私は多分上司の子供をわざと妊娠していたと思う」とハニ子は別れ際に言った。弁護士には「どんな極悪人が依頼者でも、弁護士はその弁護をしなきゃいけないこともあるからね」と言われた。

離婚にまつわる用語集 3

▼パタハラ（パタニティー・ハラスメント）

男性が育児参加を通じ自らの父性を発揮する権利や機会を侵害する言動を職場の上司や同僚などが行うこと。

▼モラハラ（モラル・ハラスメント）

精神的な暴力のこと。言葉や態度で相手が悪いと責め、相手の心を傷つける行為。被害者は周囲に相談できず、自分が悪いと自分を責め悩み続けるケースも多い。暴言、侮辱は離婚原因に該当する行為のため、深刻なモラル・ハラスメントも具体的な事情によっては、裁判離婚の理由となり得ると考えられる。

▼夫婦関係円満調整調停

夫婦が円満な関係でなくなった場合に、円満な夫婦関係を回復するための話し合いをする場として利用できる家庭裁判所の調停手続。調停委員が当事者双方から事情を聞き、円満でなくなった原因はどこにあるのか、その原因を各当事者がどのように努力して正すようにすれば夫婦関係が改善していくかなどの解決案を提示したり、解決のために必要な助言をする形で進められる。夫婦関係円満調整調停は離婚を迷っている場合にも利用できる。

▼内容証明郵便

差し出した郵便物の文書の内容、差出人・受取人、差し出した日付、受取人に配達された事実・日付を、郵便局（日本郵便株式会社）に証明してもらう一般書留。端的に言えば、相手に伝えた内容（伝えたという事実）を郵便局が証拠として保管しておいてくれるもの。弁護士が相手方に対して何らかの請求をする第一報を内容証明郵便により送付するのは、具体的な権利行使の日時や内容を争いなく特定できるようにするためである。

▼委任契約

当事者の一方が法律行為をすることを相手方に委託し、相手方がこれを承諾することによって、その効力を生じる契約のこと。弁護士に対して、自分の代理人となって相手方との交渉や裁判を依頼する契約も委任契約である。

▼パートナーシップ宣誓

地方自治体が、戸籍上同性であるカップルに対して、ふたりのパートナーシップが婚姻と同等であると承認し、自治体独自の証明書を発行することで、公営住宅への入居が認められたり、病院で家族として扱ってもらえたりという一定の効力を期待できるようになる制度のこと。法的な拘束力はない。各自治体によっても違いがあり、全国で最初に導入した東京・渋谷区の制度の場合、証明書を受け取るためには、カップルが任意後見契約の公正証書と合意契約公正証書を提出する必要があり、それらの必要のない他の自治体の証明よりもハードルは高くなっている。2021年6月時点で100を超える自治体が、パートナーシップ宣誓など同性カップルの制度を導入している。

▼子の氏の変更許可の申し立て

離婚により旧姓に復した者が子の親権者である場合でも、子の氏は原則として親が離婚する前の氏のままである。親権者となった親が子もその旧姓に戻したい場合、子の代理人として子の氏を自身の氏と同じにするための審判を裁判所に申し立てなければならない。

ケース15

流産をきっかけに、カルト集団にのめり込んだ妻の行く末

マテ子の問題

大学卒業後、保育士として働き、小学校教諭の夫と結婚。結婚後すぐに妊娠し、それを機に退職した。出産後1年と少し経ち、2人目を妊娠するも流産。心の傷を抱えながらも笑顔を作り続けた。そんなある日、カルト集団が運営するオーガニックカフェに偶然、夫と入店。そこから徐々にカルト集団にのめり込み、家族との生活に不協和音が生じ始める。

マテ子は子供の頃から周囲の大人に「朗(ほが)らかな子」と言われていた。子供の頃、はきはき喋(しゃべ)ると褒められた。リーダーになるのは苦手だったが、みんなと何かをするときに、「頑張ろう」と言葉にするとやる気になれた。

大学は幼児教育の学部に進学し、保育士と幼稚園教諭の資格を取った。志望動機を聞かれれば、「子供が好きだからです」と答えた。それは本当だ。大学を出てすぐに保育士として働き

始めた。

保育士は給料も安く待遇も悪かったが、マテ子は子供たちを前に笑顔になれば、自分の気持ちが晴れるのを実感できた。子供たちから「マテ子しぇんしぇー」と抱きつかれて、保育所に送ってきたお母さん、お父さんに、子供と一緒に「いってらっしゃーい」と言えば、それだけですがすがしい、きれいな空気を吸っているような気持ちになれる。

マテ子は嫌なときも「笑顔になれば」で乗り切った。

大学の同級生の結婚式の披露宴で、同じテーブルに座った新郎の同僚が夫だった。夫は小学校教諭をしていた。その日に連絡先を交換し、何度か食事をし、ストレートに交際を申し込まれた。夫もマテ子も、駆け引きする恋愛が苦手だった。短い交際期間だったが、お互いの「好き」を確認し、生活感覚も合っていそうだったから、「それじゃあ結婚しよう」となった。

マテ子の結婚式の披露宴で司会は、「笑顔がトレードマークのおふたりです」と、マテ子と夫を紹介した。結婚して半年くらいで妊娠がわかったので、マテ子はその次の3月で保育士を辞めた。保育所からは、産休の形にして出産したら復職ということを求められたが、自分の子供との時間に専念したかった。保育所で働くために自分の子供を預ける保育所を探すのも、何だかナンセンスな気がしたのだ。「古い考え方かな」と思ったが、夫も賛成してくれたので、マテ子は専業主婦として育児に専念することにした。

8月に長女が生まれた。出産して1年と少し経った秋、2人目の妊娠がわかった。マテ子も夫も子供好きだから嬉しかった。2人目の妊娠がわかってすぐ、マテ子と夫、1歳になった長女の3人で年賀状用に撮った写真は、「笑顔がトレードマーク」そのものだった。

2人目を妊娠してしばらくすると、マテ子は長女の妊娠のときとは違う異変を感じた。長女のときは妊娠初期から、「あ、身体の中にいる」という存在感があったが、2人目は自分の身体の中にいるのに、どこか「遠くにいるような」感覚がする。おかしいと思っていたら、健診で「心臓の音が聞こえない」と医師に言われ、流産した。

マテ子は、長女のときと同じように数か月もすればお腹（なか）が大きくなり、赤ちゃんとなって当たり前のように生まれてくる、そう思っていた。だから「なくなった」喪失感をどう受け止めていいかわからなかった。何よりも流産した子に会いたかった。

流産の理由や原因なんて全くわからないのに、「自分が何かをどうかしていれば」2人目の子に会えたのではないか、そんなことばかりが胸によぎる。夫はマテ子の心と身体をめいっぱい気遣ってくれた。それはとてもありがたかったが、よりいっそうマテ子の罪悪感を募らせ、自分を責める言葉ばかりが思い浮かぶ。

マテ子はそれまで「笑顔になれば」と思って生きてきた。「笑顔でいれば」空気もおいしくなると、自分に言い聞かせていた。マテ子を気遣ってくれる優しい夫、愛らしい長女、マテ子は大好きな家族のために笑顔を作ろうとした。

マテ子が笑顔になれば、うまくいくはずだった。子供の頃から周囲の大人には「朗らかないい子」と言われた。マテ子の笑顔が大好きだと友達はみんな言ってくれた。笑顔がトレードマークと言われたあの結婚式……。

本当は、まだ気持ちは全然晴れていない。でも、笑顔を作るのが家族の中での自分の役割だと、マテ子は自分に言い聞かせた。「こうすれば心からの笑顔になれるのよ」と誰かに何かに頼りたい気持ちで、家族のためにマテ子は笑顔で「ありがとう」「ごめんね」を繰り返した。

ある日曜日、夫に誘われてマテ子はベビーカーに長女を乗せて、家族で少し遠くまで散歩した。たまたま見かけたカフェに入り、オープンテラスでランチを食べた。赤ちゃん連れでも居心地が良い店だった。笑顔があふれていた。店員たちは、水を出すにしても、注文を聞くにしても、料理を出すにしても、常に笑顔だった。ベビーカーの中の長女にも、「んまんま」をしてくれる明るい店だ。マテ子と夫はランチプレートのあと、そのままオーガニックのクッキーとハーブティーまで注文し、のんびり過ごしてしてから帰った。

マテ子は、久しぶりに心が晴れる気がした。「笑顔でいれば」空気がおいしくなることを思い出せた気がした。家に帰ってスマホで調べたら、そのカフェはチェーン店ではなく、他県にあるファーム（農園）が直接運営をしている、オーガニックにこだわった店だとわかった。日曜日の営業は月に2回しかなく、マテ子は運良く営業日に巡り合えたのだ。

マテ子は、そのカフェと自分の運命の出会いを感じた。

その日からマテ子は、週に少なくとも3日は昼下がりにベビーカーを押して、そのカフェに通うようになる。店員たちはみんな笑顔で優しくて、いろいろなことを教えてくれた。マテ子はここに来れば、自分の笑顔が取り戻せるような気がした。

マテ子はあるとき、家族の肌着を全部捨てた。大手量販店の衣類は、色づけの染料に石油系化学物質が入っているだけでなく、「綿１００％」となっていても、そこには本物の綿以外も交じっている、とカフェで教わったからだ。カフェがファームから仕入れているオーガニックコットンの肌着を、夫のもの、マテ子のもの、そして長女のものと、すべて買い直した。ざらざらした質感が、子供の肌本来の抵抗力を強めるのに良いということも、カフェで教えてもらった。夫が「前の肌着のほうが良かった」と言ったので、マテ子はオーガニックコットンの良さと、量販店の肌着の危険性を熱心に説明した。それでも夫は「次に買うときは自分で買うから」と言う。

夫は何もわかっていないと、マテ子は初めて夫に対する反発心を覚えた。

カフェでは、タンパク質はできるだけ鶏肉から摂(と)るようにと教わった。豚肉も牛肉も、大型の動物の飼料には何かしら危険な化学物質や遺伝子組み換えが入っており、肉の中にも毒の形になって入り込んでいるのだと言われた。その点、カフェのファームの鶏ならば管理が徹底されており、安全性が確認できるとも教えてくれた。

そして魚は残念ながら食べることはできないと言われた。海の汚染の深刻さは国際会議でも確認されており、地球上どこの海の魚であっても、それを口に入れることは自殺行為だと。マテ子が「ええっ！」とその話を聞いて驚くと、カフェのみんなは「でも、大丈夫よ」「マテ子さん、心配しないで」「だから私たちこうやって、安全な食を提供しているの」と笑顔で励ましてくれた。

カフェのみんなの笑顔は、マテ子の不安を和らげてくれる。自分たちの力で安全な食を提供しているという自信なのか、心からの安心に身を置いていることが伝わる笑顔だった。自分が昔、笑顔がトレードマークと言われていたとき、マテ子は、きっと同じような笑顔をしていたはずだ。

マテ子はそのとき、「信じてみよう」と思った。

科学的な話は難しくてわからないけれど、食べるものなのだから、できる限り自然に近いものがいいのは当然だと思った。家族のためなのだから、「信じること」は「正しいこと」だ。「私もこのカフェのファームの野菜や食材、試してみますね。夫は働きすぎるから健康も心配だし、長女のことも心配なので」とマテ子が言うと、カフェのみんなは「そうよ。マテ子さんが家族を守らなきゃ」と言ってくれた。

マテ子は自分が夫と長女を守ると思うと、自然と笑顔になれた。牛乳などの乳製品、そして根菜と鶏肉は、カフェで販売しているファームのものしか使わないようにした。塩と米とオリーブオイルも、ファーム経由で、世界から届く信頼できるものだけ購入した。少し割高だったが「正しいこと」だと思った。

それでも全部の危険を取り除くことは難しかったので、平日の昼間にカフェで開催される勉強会で、今の生活から危険を除去する方法を勉強した。知らないことだらけだった。危険は食べ物だけでなく、電気、電磁波、それに水道水にも潜んでいるという。

2人目の子の流産も、恐らくは食と電磁波のせいだと、ファームの先生に言われた。マテ子が何気なく食べていたもの、使っていた家電製品、マテ子も夫もそして長女も「たまたま耐性があった」だけだったのだ。流産してしまった2人目の子は、ちょっと弱かったために化学物質と電磁波の危険に侵されたのだ。

それにもっと早く気づいていれば——。マテ子は亡くなった小さな命にも、夫にも長女にも、申し訳ない気持ちになった。家族の中でのマテ子の役割は笑顔だけではなくなった。家族を危険から守るのが使命となったのだ。

夫が早い時間に帰ってきたある日、マテ子は夫に、「お昼は学校の給食ではなく、私が作る弁当にできないか？」と聞いた。カフェで、学校給食は食品の流通経路が偽装されており、食の危険の温床となっていると教えられていたからだ。

家の食事はずいぶん改善できていたが、小学校教諭をしている夫の昼食は学校給食で、マテ子が手を出そうにも改善できないところだった。夫は「できない」と言うので、マテ子はカフェで教えてもらった給食の危険性を、夫に説明した。とある小学校では、給食調理室の換気扇だけはいつもピカピカになっているという話。それは給食の食品に含まれる化学物質のせいで、油汚れが換気扇に付着しないほど強力な毒素が給食に含まれている証拠だということ。別の小学校では、校庭の隅から廃棄された3年前の給食用のハンバーグが、パックのままで掘り出されたという話。それは給食用のハンバーグの肉がそもそも本当の肉ではなく化学的に合成されたタンパク質だから、隠蔽（いんぺい）するために廃棄されても腐らなかったということ。

本当のことを言えば、夫にはもう危険きわまりない学校という職場を離れてほしいという思いだった。それまで夫が学校で給食を食べることをずっと我慢していたのだ。これだけ証拠がある話なのだから、夫もわかってくれるはずだ。

ところが夫は、マテ子の話を全く理解してくれない。

「もうそのカフェの話や食の安全の話は聞きたくないよ」「そろそろ、また保育士の仕事を始めてもいいかもしれない」「長女を保育所に入れやすいように、思い切って別の市に引っ越してもいいから」というのが夫のマテ子への答えだった。

家の食事は、カフェのファームから購入する鶏肉と、同じファームから購入するオーガニックの野菜が中心だ。夫は今日も「おいしい」と笑顔だった。しかし夫の給料の中からのやりくりではスーパーマーケットの食材に頼らざるを得ないときもある。完璧に食事を変えられないことに焦りすら感じていた。マテ子は、食事の改善は夫も受け容れてくれていると思っていた。それは夫の「おいしい」という笑顔を信じていたから。

しかし、食事のあとマテ子は、夫のカバンから牛丼チェーン店のレシートを見つけた。

学校給食をやめることを拒否されて、それだけでも落ち着かないのに、マテ子はもう夫のことを信用できないと思った。夫はマテ子の提供する安全な食事を、作り笑顔で「おいしい」と言い、家を出ればチェーン店の牛丼を食べる二面性があるのだ。今日、夫はたまたま早く帰ることができたからと今、長女と一緒に風呂に入っている。風呂から上がってきたら夫に、牛丼のことを問うしかない。夫が素直に牛丼の危険性を認めてくれたら、マテ子はまだ夫を信じることができる。

「お風呂上がったら、髪の毛、乾かしましょうねー」。脱衣所から夫の声とドライヤーのモーター音がした。もしや……!? マテ子は脱衣所に駆け込んだ。そしてマテ子は脱衣所の光景に血の気が引いた。夫はあろうことかドライヤーの風を直接、長女の髪の毛に吹き付けていたのだ。これは牛丼どころの騒ぎではない。

「ちょっと！ 何してるのよ！」。マテ子は取り乱しながら夫からドライヤーを取り上げた。

「ダメなの！ ドライヤーの電磁波が一番危険なの。ドライヤーのせいで癌になったり血液が循環しにくくなったりするの」。マテ子は、夫を突き飛ばして、長女を抱きかかえた。長女を守らないといけない。マテ子は慌てて、カフェで購入したオーガニックコットンのタオルを長女の濡れた髪の毛にかぶせて、タオル越しに斜めからドライヤーの冷風をそっと吹きかけた。

「このコットンは電磁波を弱める織り方になっていて、オーガニックタマネギの染料を使っているから、ドライヤーを使うときはこうしなきゃいけないの！」「髪の毛に付着した化学物質が、電磁波の振動で、子供の柔らかい頭皮から脳を汚染するのよ！」。マテ子は、夫を睨みつけた。夫は長女を危険に曝している。夫はずぶ濡れのまま、あっけにとられた顔でマテ子をただ見ていた。

その次の土曜日、マテ子がひとりでカフェにランチに行って帰ってくると、夫と長女はいなくなっていた。置き手紙を残し、夫が子供を連れて家を出て行ったのだ。

マテ子と弁護士の会話

弁護士「はじめまして。私が夫さんの代理人の弁護士です。事務所の場所、すぐにわかりましたか？」

マテ子「はい。ありがとうございます。お手紙をいただいて、書面で返答となっていましたが、私はお会いしてお伝えしたいと思ってうかがいました」

弁護士「さっそくですが、お送りした手紙の通り、夫さんは長女さんとふたりで安定した生活をしており、離婚をしたいという希望です」

マテ子「結論からいうと、離婚には応じません」

弁護士「でも、もう夫さんと長女さんが家を出て3年以上経ちますし、今マテ子さんは……」

マテ子「まず、間違いを訂正させてください。夫と長女が一緒に家を出たのではなく、夫が勝手に長女を連れて家を出たのです」

弁護士「ですが、今マテ子さんはファームで暮らしていて、夫さんが何度か迎えに行ったときも、帰ることを断ったのですよね？」

マテ子「それも間違いです。ファームはシェルターです。夫は私を危険な生活環境に連れ出そうとしたから、私はそれが無理なことだと答えました」

弁護士「そういう経緯を踏まえて、夫さんは離婚するしかないと。お子さんの親権を譲ってほしいということで、弁護士である私を間に入れた話し合いを依頼したのですが」

マテ子「先生には時間を作っていただいたことに感謝をしますが、私は長女のことが心配なので、離婚はしません。夫が長女に冷凍食品やスーパーで買った食材だけを食べさせているなら、それは虐待です」

弁護士「夫さんと生活している長女さんは、健康について全く問題ないとのことです」

マテ子「弁護士さんならわかると思いますが、私は長女を汚染されている食品や衣類や環境から守るために、いつか私たちのファームに連れて行きたいと思っています」

弁護士「でも、そちらのファームでは、これまでも栄養失調や衛生上の問題があるとして、信者の方が連れて行った子供たちが、児童虐待で保護されたケースもあります」

マテ子「それらの事例は、子供がファームに来るまでに悪質な汚染食品に曝され続けていたことが原因です」

弁護士「偏った食生活や極端な薄着が虐待にあたることもありますよ」

マテ子「先生は事実を知らないのです。ファームのことを敵視する人が、ねつ造したのです。それと、先ほど『信者』とおっしゃいましたが、私たちのファームは共同生活をしているシェルターです。宗教ではありません」

弁護士「そのほかマテ子さんのいるファームは、カフェ経営についての不動産所有者とのトラブル、食品販売についての消費者被害のトラブル、裁判沙汰になっているものもあります。申し訳ありませんが、典型的なカルトだと理解しています」

マテ子「弁護士の先生がそんなことを言うのがとても残念です。ネットで調べたら先生は、シックハウス症候群の方が原告の欠陥住宅の裁判もされていますよね? 化学物質の危険は同じなのになぜ私たちのファームのことは、カルトだと決めつけるのですか?」

弁護士「あのね、マテ子さん。私は弁護士として、客観的事実や科学的裏付けがあることについて、法律上の問題を解決するために、欠陥住宅の裁判を引き受けているのですよ」

マテ子「先生が今後、私たちのファームのことをカルトだと外に向けて発信されれば、それは名誉毀損です」

弁護士「マテ子さん。話を逸らさずに聞いてください。今日来てもらったのは、ファームのことではなく、単純に夫さんからの離婚の要求について、お返事を聞かせていただきたいということです」

マテ子「それは結論が出ています。私は離婚しません。離婚に応じないと裁判になるのですか?」

弁護士「夫さんは、すぐに裁判とは言ってません。まず話し合いで、というスタンスです。夫さんから長女さんの写真を預かっていますが、受け取っていただけますか?」

マテ子「……ご配慮いただき、ありがとうございます。受け取らないことで不利な情状と言われたくないので、写真は受け取ります」

弁護士「あと、今ずっとカバンの中のICレコーダーで録音しているようですけど、ファームに帰ってから誰かに今日の会話を聞かせるのですか?」

マテ子「対立関係にある夫の弁護士と丸腰で会うのですから、証拠を残すための録音は当たり前です」

弁護士「マテ子さん、そういう話し方とかも含めて、ちょっと落ち着いてみてください。昔の結婚した頃や長女さんを産んだ頃のことを思い出して、そのときの気持ちをフワッと取り戻すことはできませんか?」

マテ子「私が洗脳されているような誤解をしているのでしたら、それは違います。私は今、自分の意思でお話をしています。むしろ私は昔のほうが無理して作り笑顔をしていました。夫と出会って結婚して、ずっと夫に気を遣っていました。『笑顔がトレードマーク』と言われて、特に流産後は、夫に気を遣って作り笑顔をさせられていたような気分です」

弁護士「そうですか。離婚はしないというマテ子さんの意思は、夫さんに伝えますね」

マテ子は、弁護士まで間に入れて関係を断ち切ろうとしてきた夫のことを、「いよいよおかしくなった」と思った。弁護士事務所の帰り道、マテ子は久しぶりの都会の雰囲気に息苦しくなった。早くファームに帰って、みんなと笑顔で本物のきれいな空気を吸いたいと思った。マテ子のファームでの日々は穏やかだ。着飾る必要もなく、笑顔を作る必要もない。そして化学物質や食の危険について、多くの人がいつか本当のことに気づくまでファームを守ること、カフェを拠点にそのことを伝えること、世界の真実に気づいた自分たちの使命を考えるだけで良かった。

3年前、夫は長女を連れて家を出た数日後、マテ子に電話をしてきて、別の町に引っ越して生活をやり直すことを提案した。しかしそれはマテ子とカフェの縁を切らせることが目的だったため、マテ子は断った。

すると今度は、マテ子の両親が自宅へ来て、実家で静養するようマテ子に促した。マテ子は、仕方なくその場では実家に戻ることを両親に約束した。でもマンションの解約の手はずが整ったところで、すべての荷物を持ってファームでの共同生活に入った。夫の給料から積み立てていた貯金、マテ子が結婚するまでに働いて作った貯金、それらはすべてファームに渡した。夫は何度かファームに来たが、会うたびにマテ子のすべてを否定した。ファームの仲間からも、「マテ子さんの夫は優しそうに見えるだけで、子供の本当の安全を全く顧みない危険な夫の典型だ」と言われた。マテ子は長女が夫のもとで、汚染された食品を食べさせられているのではないか、化学染料の服を着させられているのではないか、と心配でたまらない。長女を早く安全なファームで育てたいと思っていたが、しかし夫は今度は弁護士を雇って、離婚をして親権をよこせと言ってきたのだ。夫の行動はマテ子には理解できなかった。

夫の弁護士と会った3年後、マテ子はファームが運営する、とある町のカフェで働いていた。席に座った女性客にマテ子が水を運ぶと、その女性客はマテ子の膨らんだ下腹部を見て涙を浮かべる。マテ子は「大丈夫ですか？」と、その女性客の肩にそっと片手を置く。「ごめんなさい。実は私、流産して。もう何か月も前なのに、妊婦さんを見るとつい……」。女性客は申し訳なさそうに言う。マテ子は両手で女性客を抱きしめる。

「私もね、もう7年も前だけど、2人目の子を流産して。やっとまた授かったの。私もすごく落ち込んで自分を責めてしまったけど、ファームの安全な食べ物に囲まれたら、少しずつ空気がおいしくなって笑顔になれて、また授かりました」

これはマテ子の本心だった。カフェのキッチンにいる若い男性が、お腹の子の父親だ。彼は大学の活動を通じてファームと関わり、そのままファームの運営者になった。カフェの近くで今はマテ子と一緒に暮らしている。

マテ子はファームで出産した。ファームで生まれた子供たちは、役所に出生届を出さない。

だからマテ子が夫と離婚していないことは問題にならなかった。マテ子はファームの中で、子供の父親と一緒にファームやカフェの運営にも関わるようになった。夫の弁護士が言ったように、ファームはいくつも裁判を抱えていた。裁判所から金銭を支払う命令が出たこともあったが、そういうことはファームの中には関係のないことだった。ファームの野菜や鶏肉は、通販で日本全国に販売されていたし、新しくカフェをオープンすれば、お客はついた。みんな自分たちで運営しているから、ファームの中では問題は何も起こらない。

マテ子は夫のことも、長女のことも、ほとんど思い出さなくなっていた。そしてファームで生まれた子が10歳になった頃、夫の弁護士からあらためて離婚届と手紙が送られてきた。手紙には長女も、もう18歳になったと書いてあった。マテ子は、長女が大人になったのであればと、離婚届に必要事項を記入して送り返した。

マテ子の結婚はようやく終わった。

ケース16 パートナーシップ宣誓した同性カップルに、法的離婚は存在しない

フズ子の問題

レズビアンのフズ子はレズビアン・コミュニティの集まりで知り合った彼女と、パートナーシップ宣誓書に署名し、結婚式を挙げる。1年は幸せな日々が続いたが、母と伯父から贈られたホテルのディナー&宿泊券で1周年をふたりで祝った翌日、彼女が突然いなくなる。行方を捜すうちに彼女がついた嘘が発覚していく。

2018年3月3日の土曜日。

フズ子は真っ白いフワッとしたスカートの大きく広がるウェディングドレスで、チャペルのバージンロードを歩いている。隣を一緒に歩いたのは、フズ子の伯父、母の兄だ。フズ子はもともと母子家庭で育って、父親の顔を知らない。でも、ずっと独身だった伯父が、実の父のように愛してくれた。女手ひとつで育ててくれた母は、最前列でチャペルに似つかわしくない留め袖姿で、目頭を押さえている。

バージンロードを挟んで、反対側にはこれから新しい家族になる、「お義父さん」と「お義母さん」がいる。フズ子の母よりもずっと若い、都会的でオシャレなお義父さんとお義母さん。バージンロードのフズ子に、手を振ってニッコリ笑っている。

そしてバージンロードの先にいる、牧師の隣に立つ人とフズ子は今、結婚する。

彼女も、真っ白なウェディングドレス。それは、マーメードタイプで、彼女の長身とスタイルの良さを際立たせる現代的なデザインだ。

フズ子と彼女とは、家族と多くの友人に祝福されて、永遠の愛を誓い、生涯の伴侶となることを約束して、指輪の交換をした。

挙式の3年前の3月3日、フズ子と彼女はレズビアンコミュニティの集まりで出会った。

フズ子は自分でも「オタク女子」を自認していた。美人で聡明(そうめい)な彼女のことは憧れでしかなく、まさか交際するような関係になるとは思っていなかった。ところがその年の秋くらいからふたりで会うことが増えて、いつの間にかコミュニティでみんなが認める恋人同士になった。

そしてその年4月に、フズ子は契約社員から正社員になった。会社の家賃補助が利用できるということで、実家を出てひとり暮らしを考え始めたとき、ふたりは同居することにした。お互いの家を行き来する生活よりも、一緒に暮らすほうが単純に安上がりで便利だった。すでにパートナーシップ制度が導入された世田谷区、小田急小田原線沿いのアパートに、「同性カップルです」と言って入居した。

ふたり暮らしにも馴染んだ、その年の9月25日、フズ子の誕生日の夜だった。「出会って3年目の3月3日に結婚式を挙げよう！」と彼女から突然のプロポーズを受けた。フズ子は、もちろん彼女とずっと一緒に暮らす気でいたが、まさか結婚式まで挙げるとは思っていなかった。

フズ子に断る理由はなく、ほかに誰もいない小さなアパートなのに、何だか照れくさい気持ちになりつつも、手を突いて「ふつつかな私ですが」なんてドキマギして言ってしまい、彼女に「可愛いなぁ」と大笑いされた。

その日、フズ子はとても幸せで、なかなか寝付けなかった。

性的少数者（セクシャルマイノリティ）を表す言葉のひとつとして、ＬＧＢＴという言葉が、ふたりが出会った２０１５年頃から、あちこちで聞こえてくるようになった。今まで「絶対に言えないよね」と思っていたいろんなことが、テレビやニュースで、「ちゃんとした話」として語られるようになった。「もしかして私たちは自由になった⁉」。そんな風に思わせてくれる社会の変化を、フズ子も肌で感じた。

ふたりも交際し始めた頃から、互いにレズビアンであることを隠さない生活を少しずつ始めた。最初はおっかなびっくりだったが、レズビアンであることを家族も友人も受け容れてくれた。それは受け容れてくれた人々との間に深い結びつきがあることの確認ともなり、カミングアウトの都度、フズ子はこれまでの人生の出会いに心が温かくなった。

職場では、フズ子がレズビアンだとわかったことで、嫌なことを言ってくる人もいた。性的なからかいを男性から受けたこともある。だが、逆に守ってくれる人もいたから、いつの間にか嫌な雑音は耳に入らないようになった。

ただ、結婚することを家族に報告するのは、レズビアンだというカミングアウトをするのとは少し違う緊張があった。フズ子にとって結婚は、今までの家族を離れて、新しく自分の家族を作るというイメージがある。特に女手ひとつで育ててくれた母が、フズ子の結婚で寂しくならないかが心配だった。しかし、そんな心配は杞憂で、母は「フズ子が幸せなのが一番よ」と、結婚式を挙げることを受け容れてくれた。父親代わりだった伯父も、バージンロードを歩くことに最初は戸惑っていたが、「俺がフズ子の人生の後見人だから」と言って引き受けてくれた。

フズ子の埼玉の実家に彼女と一緒に結婚の挨拶に行った日、母と伯父は、いつもの町中華にふたりを連れて行き、昔馴染みの店の人にフズ子の結婚を誇らしげに自慢してくれた。

もちろん、横浜にある彼女の実家にも、フズ子は挨拶に行った。

彼女は高校生の頃にはレズビアンだと自覚して、両親にカミングアウトをしていた。だからなのか、彼女の両親は結婚式のことも、特に驚くこともなかった。彼女のお母さんから別れ際に、「ママって呼んでね」とハグされたことのほうが、フズ子にとっては驚きだった。家族でこんな風に恋人のように、スキンシップをしたり、感情表現をしたりするのは、外国に来たような気分だった。

フズ子と彼女は、２０１８年3月3日、多くの人の祝福の下、結婚式を挙げた。だが、女同士だから婚姻届は出せない。その代わりに、ふたりは結婚式の翌週、世田谷区役所で、パートナーシップ宣誓の届出をした。

〈互いをその人生のパートナーとすることを宣誓し、署名いたします〉と書かれた『パートナーシップ宣誓書』に、フズ子と彼女は署名した。

ただフズ子はもともと、こういうことにとても疎かった。パートナーシップ宣誓が男女の結婚とは少し違うらしいという程度の知識しかなく、こういう話に詳しい彼女がフズ子にあれこれと説明してくれた。パートナーシップ宣誓では、どちらかが死んでも相続はできないということを聞いたときは、「名字も一緒じゃないし相続とかもないいんだったら、結婚式だけでいいのかもね。パートナーシップ宣誓って雰囲気だけなんだね」と思わず言ってしまった。これについては彼女から、「社会に祝福されている、公に認められたということに意味があるのよ」と言われた。

こうしてフズ子と彼女の新婚生活はスタートした。


翌年の3月2日の土曜日、ふたりは結婚1周年のお祝いをした。

フズ子の母と伯父から、有名なホテルのディナー付きの宿泊券を、結婚1周年でプレゼントされたのだ。ホテルでのディナーなんて、フズ子の家族には今までない文化だった。フズ子は、母と伯父が、彼女に合うようにと頑張って選んでくれたプレゼントだと思うと、とても嬉しかった。母と伯父からの事前連絡のおかげで、お店からのサプライズプレゼントまで出てきた。

ホテルのふかふかのキングサイズのベッドは、夢の国のようだった。それでも世田谷の家の小さなセミダブルベッドで抱き合って眠るときに感じる寝心地の良さと温かさは、もっと幸せだった。フズ子は幸せな1年間に感謝をして、ぐっすり眠った。

結婚1周年と1日目の朝、フズ子が起きたら彼女の姿はなかった。

「今日は、仕事、早いって言っていたっけ?」

彼女にLINEをしたら、すぐに既読になって、「ごめんー。フズ子がよく寝ていたから、黙って出てきた」という返事が帰ってきた。「私は帰りが遅くなるから、申し訳ないけど、おかず何でもいいからよろしく。ご飯だけタイマーをセットして出ます」。フズ子は彼女にLINEをして、朝ご飯を食べながら、晩ご飯用の炊飯ジャーのセットをして家を出た。

だが、フズ子が夜8時に家に帰ってきたとき、部屋の中は真っ暗で、炊飯ジャーの「保温」の灯りが光っているだけだった。

その日から彼女は帰っていない。何度もLINEを送ったが、既読になっても返事は全く来なかった。いつしか既読にさえもならなくなった。

彼女が姿を消して3日になると、フズ子はさすがに冷静ではいられなくなった。ただ、事故や事件に巻き込まれたとは思わなかった。彼女の意思で、フズ子から離れたように感じていた。だが、フズ子にはその心当たりはない。現にその前の日、一緒に幸せな結婚1周年をお祝いしたのだから。

フズ子は思い切って、1日有休を使って、彼女から勤務先と聞いていたファッション・リサーチの会社を訪ねてみた。彼女は会社ではレズビアンをカミングアウトしていると言っていたが、結婚式には会社の人は誰も来なかったので、フズ子は自分のことを「どのように説明するのか」決めかねたまま会社に着いた。

会社で彼女の名前を伝えると、彼女は社員ではないと言われた。彼女はフリーランスで、いろいろなリサーチ会社から仕事を単発で引き受けて、企画に参加する立場だったらしい。そして今年に入ってからは、彼女の関わる仕事は特にないというのだ。

フズ子は、彼女のことを信用して、自分の会社のこと、毎日の仕事の内容のこと、全部を話していたのに。彼女はフズ子のことを家族だと思っていなかったのだろうか、結婚式もパートナーシップ宣誓も、彼女にとってはママゴトだったのだろうか……。

同じ日の午後、フズ子は横浜行きの電車に乗り、彼女の実家の前まで行った。でも、インターホンを押すことはできなかった。

彼女がここにいたとして、どうなるのだろうか。「世田谷のふたりの家に一緒に戻ろう」と言っても、どんな顔をして戻るというのか。たった3日とはいえ、こんな形で行方をくらまされたら、これまでと同じようには暮らせない。だからといって彼女にすがって、「なぜ自分のもとを去ったのか」を問い詰めるのは、自分が惨めだ。あるいは彼女がここにいなかったとしたら、彼女の両親に、何を話せばいいのか。「あなたの娘さんに捨てられました」と言ったところで、泣いてハグをして謝られるか、むしろ言い争いになるか。彼女の両親はフズ子の両親ではない、他人なのだ。

フズ子は、彼女の両親の家の郵便受けに、「彼女が戻ったら連絡をするように伝えてください」という手紙だけを入れて世田谷の家に帰った。

彼女が突然に去った事実に、動揺せずにはいられなかった。「結婚式まで挙げたのに、学生の恋人みたいにすぐに別れたんだって。それでフズ子さん、落ち込んでいるみたい」と人から言われるのも、かっこ悪くて嫌だった。フズ子はもともとレズビアンの友達は少ない。その少ない友達もほとんどが「もともとは彼女のほうが親しい友達」だったため、余計にこの事実は人に伝えにくかった。

彼女が姿を消して数か月、フズ子もさすがに「彼女が帰ってくる」という期待をしなくなった。ただ、どんな顔をして、彼女がいなくなったことを人に話せばいいのか、そればかりが頭をよぎり、どんどん人付き合いを避ける生活になっている。平日は家と会社の行き帰り、土日は家で動画配信の映画を見る、そんなオタクのひとり暮らしに戻った。

7月になり、「お盆はふたりで帰ってくるの?」と母からのLINEがやたらと入るようになった。最初の何通かには、「考えて返事をするね」とか、「彼女と仕事の都合を合わせられるか調整しているから」とか、適当な嘘を返信していたが、彼女がまだいる前提でそんな返事をするのも、しんどくなった。母からのLINEを、既読にするのもおっくうになってしまった。それをフズ子が音信不通になったと母は心配したのかもしれない。

7月のある日曜日の朝、世田谷のアパートに母が突然にやってきた。「LINEも既読になかなかならないし、既読になっても返信もないし、何かあったのかと思った」と。母を部屋に上げて、結婚1周年のお祝いの翌日、3月4日の朝から彼女がいなくなったことを話した。泣くまいと思ったが、泣けてしまった。

「やっぱり女同士だから、こんなことになったのかな」とフズ子が口にしたら、「違うよ。女同士だからじゃない。そういう相手だったたってことだよ。男と女で結婚していたって、そんなことはあるんだから」と母に泣きながらたしなめられた。

「今まで言わなかったけど、フズ子のお父さんは、フズ子が生まれる前に、フズ子の彼女と同じように、突然に家を出て帰ってこなくなったの」。フズ子は、子供の頃に母から父とは離婚して、その後に父は死んだらしいと聞かされていた。母によれば、それはその通りだけれど、父はフズ子を妊娠していた母を置いて、あるとき家を出て、親戚が総がかりで捜し尽くしてもずっと見つからなかったのだという。フズ子が小学生になった頃に、伯父の伝手で頼んだ弁護士に、父親が不在のままで離婚できる裁判をしてもらい、ようやく父の戸籍から抜けることができた、ということだった。

フズ子に「死んだ」と言っていたのは、生きているとしたって、連絡を取ることも、会うこともできないのだから、「便りがないのは死んだも同じ」と、演歌の歌詞のように思って説明したと話してくれた。かつての母も、自分と同じように、結婚した相手に突然に去られていたということだ。

「うちは結婚相手に逃げられる家系なんだね」とフズ子と母は笑うしかなかった。泣き笑いがひとしきり落ち着いたところで、母がふと真顔で言った。

「フズ子、世田谷区役所で、結婚届みたいなのに署名したじゃない。それはそのままで大丈夫なの？　私は、相手が行方不明で、離婚の裁判は弁護士さんが大変だったたみたいだけど」

そう言われると、フズ子もちょっと心配になった。パートナーシップ宣誓は、名字も同じにならないし、相続もないけれど、役所での手続だ。こんなことになって、放置していて良いのだろうか。

フズ子は、夏が終わり9月になって、ちょうどプロポーズをされた自分の誕生日も過ぎて、心の整理もついた頃、弁護士に相談することにした。

フズ子と弁護士の会話

弁護士「フズ子さんは、パートナーシップ宣誓だけをしたのですか？」

フズ子「だけ？」

弁護士「渋谷区の制度だと、公正証書でのパートナーシップ契約も一緒にするのが要件ですが、お二人は世田谷区の宣誓にあたり何か自分たちで書類を作りましたか？」

フズ子「いえ、それはないと思います」

弁護士「結婚式を挙げて、パートナーシップ宣誓をした……だけ？」

フズ子「はい。そうですね」

弁護士「パートナーシップ宣誓は、法律上の婚姻ではないので、法律的に何をもって解消とするかは難しいですね」

フズ子「じゃあ、離婚は……」

弁護士「結婚式を挙げたという意味では、社会的に結婚はされたわけですが、法律上はフズ子さんと彼女さんは他人のままですから、手続としての離婚はないですよ」

フズ子「ない？」

弁護士「はい。手続としては」

フズ子「じゃあ、周りにどう言ったらいいんでしょう」

弁護士「生活用語としての結婚と離婚というのは、もちろん同じですから、周りの人への説明の中で、離婚したという言葉を使っても間違いじゃないですし、何となく違うなという感じなら、単に別れたという言葉を使うのでもいいと思いますが……」

フズ子「パートナーシップ宣誓って、名字も一緒にならないし相続もないけど、大事なことなんだって、彼女のほうが言ってたんですけど」

弁護士「わざわざ法律で結婚の制度を作っているということは、夫婦の間で権利や義務が発生してお互いを結びつけて、公に対しても夫婦としての特別な地位を主張できるところに大きな意味があるんですよ。残念ながら同性婚という制度がないので、気持ちとして大事なことだと思っていても、法律上はどこまでいってもアカの他人なんですよね」

フズ子「彼女は、法律上は互いに権利や義務もないっていう、本質の部分を私よりよくわかっていたから、あんな風に無責任に勝手に家を出たんでしょうか？」

弁護士「うーん。そのへんはわかりません。私は彼女さんの人柄を知りませんしね。ただ、男女で結婚しているご夫婦でも、離婚の話も何もしないまま一方的にどちらかが家を出るケースは珍しくないですよ」

フズ子「あ、うちの母がそうだったみたいです。でも……」

弁護士「でも？」

フズ子「男女でちゃんと結婚していたら、そんな風に一方的なことをしても法律がついて回るんですよね」

フズ子「そうですね」

弁護士「法律がちゃんとあって結婚していたら、私は、何でこんなことをしたのか彼女にもっと聞けたのかな」

フズ子「法律があったら、そのきっかけにはなったかもしれません。でも……」

弁護士「でも?」

フズ子「男女の結婚がダメになって、離婚の調停や裁判をするとなったときも、それはあくまでもこれからどうするのかを考える手続です。何でこんなことになったのかは、結局はっきりしないことも多いですよ」

弁護士「そうなんですか?」

フズ子「今ダメになっているという事実が、まずスタートラインですから。そのダメになっている事実について明確に一方に責任があるならば、慰謝料をどうするという観点でその原因を突き詰めるようなケースもありますが」

弁護士「私と彼女の関係は法律上アカの他人で、権利も義務もないパートナーシップ宣誓だけだったら、私は彼女に慰謝料の請求もできないのですか?」

フズ子「慰謝料は、婚姻の権利や義務とは少し違う観点で酷いことをしたかどうかという話なので、請求できる可能性はあります。現に、裁判所は同性カップルの関係解消について、男女の事実婚に準じるものとして慰謝料を認める判決を出していますし」

パートナーシップ宣誓は法律上は何の意味もなく、離婚届のようなものすらないと聞いて、フズ子はややショックだった。あのとき彼女自身が、あれだけ「大切な制度だ」と言ったのに。ただ、彼女に慰謝料を請求する余地があるという話に、フズ子の心はかえってグズグズとさせられた。いっそ慰謝料の請求なんてできる余地もないと言われたほうが、彼女の存在を忘れるよりほかなくスッキリしたかもしれないからだ。慰謝料の請求の余地があると聞いてしまうと、彼女の居所がわかったり、彼女とばったり再会したりしたとき、「問い詰めるために訴えてやろうか」と思ってしまうかもしれない。

フズ子の心がスッキリしないまま、秋が終わり冬になった。

クリスマスも年の瀬も、正月も、フズ子はひとりで過ごした。ひとりで過ごすのはもともと嫌いではないが、去年も一昨年も同じ季節を彼女と過ごしたから、やはり寂しさを感じた。

初詣で有名な神社の中継を見ながら、フズ子は今年の願いを「新しい生活様式を作る」にした。とはいえ、何も変わらない日常のまま、1月が過ぎ2月となりコロナ禍になった。あまりに急に世の中がグラッと傾きいろんなことが変わってしまったことに、フズ子も戸惑っていた。

契約社員は雇い止めになり、正社員だけがリモートワークになった。数年前の少し景気が良かったときに、正社員になっていたフズ子は難を逃れた。自宅でパソコンとビデオ会議で仕事をしながら、「もしこのアパートで彼女とふたりでいたら……」と想像すると、フズ子はやっと別れて良かったと思えた。狭いアパートでフズ子だけが仕事をし、実はフリーランスだった彼女は仕事がなく、ふたりの社会人としての生活の温度差が、家の中に持ち込まれて溝になっていたかもしれない。そうなると、お互いにイライラして……。

そういえば、結婚式1周年のお祝いをした、一番幸せな夜のうちに、彼女は自分から家を出ていなくなった。お金のトラブルも、ふたりの間にはなかった。それで良かったのかもしれない。

コロナに合わせた生活に少し馴染んだ頃、深夜のテレビ番組で「コロナ禍を海外で乗り切る日本人」というちょっと深掘りニュース的な特集をやっていた。

コロナ禍のカナダで、工夫をしながら店を続けている和菓子職人の日本人女性が紹介されていた。フズ子は何となくテレビをつけたのだが、そこに映し出された和菓子職人の女性を見て、「えっ!」と声を上げた。

それは彼女だった。顔もそして名前も彼女だった。

VTRの中で彼女は、「長年、遠距離恋愛をしていたカナダ人の女性と同性婚をし、配偶者としてのビザを取ってカナダに移住。カナダで愛される和菓子職人の日本人女性」として紹介されていた。

たしかに、彼女は手先が少し器用だった。だから何がしかの本やレシピを見て、それらしい「和菓子もどき」は作れるのかもしれない。だが、彼女が和菓子職人だなんて大嘘だ。聞いたこともない。それなのに彼女がテレビの中で、「今だからこそ多様な文化の助け合いを和菓子で表現して、社会を元気づけたいです」と話す姿を見ると、何だか本物のようにも見えてしまう。

そしてVTRは、カナダの街のストリートの一角で和服姿にサージカルマスクで盆踊りのようなパフォーマンスをしながら、レインボー色の練り切りを作る彼女の姿で終わった。

「慰謝料も何も、こんな女に騙された私がバカだった」

これがフズ子の偽らざる素直な感想だった。彼女の本性を見た気がして、フズ子の心にわずかに残った、最後の小さな未練もスッパリなくなった。

「あぁ、結婚式しかできなくて良かった」とも思った。

フズ子の母は、結婚した相手の男がどんなにバカな奴だとわかっても、気持ちが完全になくなっても、法律の結婚で、戸籍でつながり縛られていた。そこを断ち切るために、弁護士を雇い裁判までしなければならなかった。もし、今の日本に同性婚があって、フズ子が彼女と同性婚をしていたら、このくだらない彼女との関係を断ち切るべく「正式に離婚」するために、お金をかけて裁判までしなければならなかったのだ。

フズ子は、コロナが落ち着いたら、もっとレズビアンの友達を作りたいと思った。こんなくだらない彼女のことを一緒に笑える相手と出会いたい。結婚のあるなしに関係なく、友情とか恋愛とかセックスといった言葉はどうでもいいから、ずっと一緒にいられる、嘘をつかずにいられる相手と出会いたいと思った。

ケース17

夫婦別姓と事実婚を選ぶのは、ワガママなのか

レワ子の問題

日本有数の経済誌を発行する出版社に勤務。大学4年生のときにゼミの先輩で大学院生の夫と知り合い結婚。夫は著作も何冊かある私立大学の教員。ふたりは事実婚を選び、ふたりの息子がいる。夫が取得した育児休業中に、夫と元教え子との不倫が発覚し、弁護士に相談するが、「事実婚には離婚の選択肢がない」と言われ困惑する。

レワ子は、北関東の公立の女子高から、都内の国立大の社会学部に現役で進学した。メディア論のゼミで、『インターネット社会における世論形成』をテーマに卒論を書き、日本有数のお堅い経済誌を発行する出版社に就職した。

夫はレワ子が大学4年生のときに大学院生で、ゼミの先輩だった。学位取得後は都内の私立大学の教員のポストに就き、テレビの情報番組でも、たまに「有識者」としてメディア論を語り、また若者目線でのメディア論の著作もいくつかある。

そんなレワ子と夫は、事実婚だ。婚姻届は出していない。婚姻届を出したら名字をどちらかに合わせないといけない。レワ子はそれができないと思ったから、夫との話し合いで婚姻届は出さず、夫婦別姓を望んで事実婚とした。

結婚した夫婦の名字が同じになることについて、レワ子も他人事である限りそれは全く自然なことだと思ってきた。結婚した女友達から聞き慣れない名字で年賀状が届くことも、「そんなもんだ」と思っていた。ただ自分の事になるとそれは違った。

学生時代から恋人同士だった夫と、社会人になりそろそろ一緒に住もうという話になり、それなら結婚して子供も持とうとなった。そして、「じゃあ、仕事はどうする？」という話になったとき、レワ子は結婚して自分の名字が変わると自分の日常も大きく変わることにハタと気づいた。

レワ子は、自分自身の仕事は文字通り名字も含めて自分の名前で積み上げたもの、と自負していた。結婚して名前を変えるということは、それまでの自分の人生を捨てることを迫られているような気がした。大げさだろうか。

レワ子はそのことを夫に話した。

夫は「名字を変える」ということが大きな負担になるというレワ子の話を、真面目な顔をしてフムフムと聞いた。「やっぱり男だとそれに全く気づかないんだ。ごめん」と夫は言った。

夫はレワ子の話を聞いて初めて、自分の名字が変わることを想像したらしい。

結婚により名乗ることになった妻の名字で、論文を発表し、執筆をし、メディアに出る。過去に学会で奨励賞を取った博士論文を執筆したのは、紛れもない自分自身だ。にもかかわらず、その執筆者として記載されている名前は、もう自分自身の名前ではない……。そのことを思うと、夫は「女だから」というだけの理由で、レワ子が名字を変えるということを、「当たり前」だとはとても思えないと言った。

「ごめんね……」と夫はなぜか謝罪した。男であるということの罪悪感からだろうか。

かくしてレワ子と夫は、夫婦別姓で事実婚という形を選んだ。

始まってしまえば、夫婦別姓で事実婚というのは何も特別なものでもなかった。

結婚式では、法律婚の夫婦と同じようにみんな祝福をしてくれた。レワ子の両親も、夫の両親も、「そういう時代だから」「ふたりとも東京で仕事をしているから」と特に何も言わなかった。ただ、レワ子の義姉だけが、レワ子と夫の選択を聞いて「ふーん」という顔をした。

子供ができたときは、少し不便があった。長男を出産するときは、戸籍の上では、レワ子がシングルマザーとして出産し、夫は認知届により父親となった。しかしそれだけでは夫は親権者ではなく、親権者はあくまでもレワ子だけだった。

その2年後、次男を出産するとき、レワ子と夫とは出産予定日の3週間くらい前にペーパー婚姻届を出した。そうすることで、婚姻していれば夫の認知届も不要であり、双方がふたりで親権者になるということだった。そして次男が生まれて2週目くらいで、夫とレワ子は、長男の親権者を夫、次男の親権者をレワ子としてペーパー離婚した。子供たちの名字はそれぞれ親権者に合わせることにした。

しかし手続はそれだけでは済まなかった。

長男はペーパー婚姻のときに一緒に出した入籍届で夫の戸籍に入り、夫の名字になれたから良かったが、次男は出生届で夫の戸籍に入って夫の名字となっていた。これを、離婚届提出後に家庭裁判所でその名字をレワ子に合わせる手続をしなければならなかった。

このときさすがにレワ子も自分がそこまでして貫こうとしているものが、いったい何なのかわからない感覚になった。夫婦別姓にせずに自分が夫の名前になることさえ受け容れれば、このような手間はかからない。まるで自分が、婚姻という社会制度に政治的な意気込みで強く反対している、極端な活動家のようにも思えて、いっそ自分の名字を捨ててしまおうか、とすら思ってしまった。

そういえばなぜこのわずか1か月程度のペーパー婚姻のときに、自分の名字を選ぶことを夫に提案しなかったのか。そこには夫婦別姓と事実婚の選択が、女であるレワ子のワガママであり、男である夫には「人並みの結婚すらできない」と我慢させているような、そんな引け目がレワ子にあったのかもしれない。

次男を出産したあと、今度は夫が1年間の育休を取った。夫はもともと家事もするし、料理に至ってはレワ子より手際も腕も良かったので、家事は夫に頼ることができた。夫の勤務する大学は、世間的にはリベラルな気風で知られている。社会学者として顔が知られる夫が、育児のために1年間講義を休むというのは、大学のイメージアップの宣伝材料にもなった。

一方、レワ子は次男の出産のタイミングで転職した。次男の出産準備をしている頃、超大手のインターネット・ポータルサイトから、新しく立ち上げる経済ニュースサイトの運営事業について、編集長格での引き抜きの声がかかったのだ。まさにこれまでの出版社の仕事の中で、レワ子が自分自身の名前で築いたキャリアが、レワ子の名前で評価された結果だった。

ペーパー婚姻やペーパー離婚、それに伴う家庭裁判所の手続は、全部その転職のタイミングで行った。


夫の育休がもうすぐ終わるという頃だった。

レワ子が少し早めに家に帰ったある日、子供用の夕食の支度をしていた夫はレワ子に対して、「おや?」という顔をした。今日も家事と子供の世話しかしていないはずの夫が、なぜか襟付きのシャツを着ていた。

「どこかに出かけたの?」と聞くと、夫は「いいや」と言った。

夫が作る子供用の夕食はいつもと同じだったが、子供に食べさせるときまだ十分に冷めておらず、長男が「アツッ!」という顔をした。

レワ子は何かいつもと違うぎこちなさを感じつつ、夫婦の寝室に着替えに行った。ちょうどベッドに夫のスマホが投げ出されていた。スマホの画面が布団と触れていたからか、画面がロックされずに液晶画面にメッセンジャーのメッセージがそのまま表示されていた。

『先生、奥さん、大丈夫でしたか？　慌てて出たけど、証拠は残してませんｗｗｗ』

レワ子と弁護士の会話

弁護士「ということで、旦那さんを問い詰めたら、旦那さんは不倫を認めたと」

レワ子「はい。相手は大学のゼミで指導した元学生らしくて、いつから続いているのかまでは聞けませんでしたが、少なくとも今回の育休中に家にまで上げていたことがわかって……」

弁護士「けっこう堂々とですよね。家に不倫相手を連れてくるのって、僕の経験だと男性はあまりしないイメージでしたが」

レワ子「それで、私は、不倫された以上は離婚を視野に入れて考えたいと思って」

弁護士「いや、ちょっと待って……レワ子さん落ち着いてください。そもそも婚姻届を出してない事実婚だから、理屈でいうと離婚っていう選択肢は存在しませんよ」

レワ子「あ……そうですよね……。私、何言ってるんだろう……」

弁護士「不倫がわかった以上、一緒に暮らすことはできない！　と言って、家を出たとしても、それが冷却のための別居なのか、完全に関係を解消するという意味なのか」

レワ子「婚姻届を出していない事実婚ですものね、私たち」

弁護士「そうですね。事実婚の場合、結婚している夫婦だ、という裏付けは、本人同士の気持ちしかないですよね」

レワ子「じゃあ、子供の親権も……、あ、そうか、決まってるか」

弁護士「そうですね。今の時点で、長男さんは、旦那さんだけが単独の親権者で、次男さんはレワ子さんだけが単独の親権者ですね」

レワ子「そうですよね……」

弁護士「法律婚だと共同親権なので、だからこそ離婚のときはどっちが親権者になるのかということが大きな争いにもなるんですが、レワ子さんの場合は争うも何も決まってますから」

レワ子「じゃあ私が今、子供をふたりとも連れて家を出たら、長男についてだけ誘拐罪になるんですか?」

弁護士「アッハッハ。すぐには誘拐罪になりませんよ。ただ長男さんの親権者は旦那さんだから、仮にレワ子さんがずっと長男さんを育てるとなっても、このままだと何かにつけて親権者である旦那さんの同意が必要になりますね」

レワ子「でも、今離婚するっていうか別れるってなったときに、長男と次男をそれぞれというのも、それは子供たちもかわいそうで」

弁護士「だからレワ子さんの場合は、関係解消をするのなら、子供さんをどうするのかもしっかり話し合い、場合によっては家庭裁判所で親権者変更の審判を受けるなどの検討も必要になりますね」

レワ子「あぁ、そうか。親権者じゃないほうが引き取ると、それが必要になりますよね。また家庭裁判所って……」

弁護士「あ、でも、それこそ今、あらためてペーパー婚姻して、もう一度夫婦ふたりの共同親権にした上で親権者を引き取る側に決めて2回目のペーパー離婚をするというのも、あり得る手続ですが」

レワ子「というか、それはもうペーパー離婚じゃないですよね。本当の離婚をするために、1回ペーパー婚姻するとか、バカみたいな」
弁護士「ね、不合理でしょう」
レワ子「私、何で夫婦別姓で、事実婚とか思ったんだろう」
弁護士「事実婚の夫婦の問題というのは、法律があらかじめ枠組みを作ってくれていないので、夫婦でしっかり話し合うのが大事なんですよね」

レワ子は家に帰ってから、夫に弁護士から聞いた事実婚と離婚の話をした。

よくよく考えれば当然のことなのだが、親権者がもう決まっているということには、今さらながらレワ子は当惑してしまった。そもそも親権って何だ？　特集記事を仕事のポータルサイトで組みたくなるような気分だった。

夫が不倫をしていたことはまだ全く許す気持ちにならないが、話し合わなければ何ともならない。顔は知らないはずなのに、あの生々しいメッセージをよこした生意気な若い女の薄ら笑いを浮かべた唇を勝手に想像してしまう。

何より本当は安っぽい中身しかないくせに、自分をかさ増しして見せることに恥じらいがないような女に、まんまと引っかかるバカな夫にも怒りが収まらない。

なのに、レワ子が妻という立場で、夫に離婚という怒りの鉄槌(てっつい)を下そうとしたら、今度は「事実婚には離婚なんてそもそもない」「親権だってもう決まっている」と言われた。夫とあの女がその気になれば、ふたりは明日にでも婚姻届だって出せるのだから。

まるで世間から「だから言わんこっちゃない」と高笑いをされている気分だ。レワ子と夫が事実婚をすると言ったときの、義姉の「ふーん」という顔が思い出される。

私は何のために夫婦別姓と事実婚を選んだのか――。

私は何もやましいこともないし仕事を持ったひとりの大人として、合理的な選択をしただけなのに、なぜこんな仕打ちを受けるのか。その怒りもすべて夫にぶちまけた。怒鳴って泣いて叫ぶくらいしか、もうレワ子に残された手段はなかった。

しかし夫は冷静だった。夫は素直に「ごめん」と謝った。そうだ、夫は結婚するときも、名字を変えたくないとレワ子が言ったとき、「ごめん」となぜか謝った。しかし今回は謝るべくして謝る「ごめん」だ。そして夫は言った。

「夫婦別姓も事実婚も悪いんじゃなくて、僕が悪いよ。ごめん」「僕は男として加害者で、法律や制度が整わない不利益もレワ子にだけ背負わせていたんだね。本当にごめん」と言って夫はまた謝った。

そうだ。レワ子が大学4年生のときに直感だらけで組み立てた卒論の草稿を見せたとき、レワ子が消化しきれていない問題意識をわかりやすく論理立てて説明してくれたのが、当時大学院生だった夫だ。

きっと夫の不倫相手の女は、レワ子とどこか似ていたのだろう。

レワ子夫婦は、結局離婚しなかった。

事実婚のレワ子たち夫婦にはそもそも離婚という選択肢が存在しないから、言うなれば、別れることなくその後も一緒に夫婦として暮らす選択をした。レワ子は、やはり夫のことが好きだった。

この人と一緒に暮らしていると楽しいと思えるし、この人と一緒にいるから自分の人生が豊かになっている、ということを認めざるを得なかった。

夫の不倫については、夫を許せないというよりも、妻であるレワ子がいることを知りながら、白昼堂々子供もいる自宅に上がり込んだ若い女をどうしても許せないという気持ちに落ち着いた。夫のスマホからもその女の痕跡はすべて削除させた。もし夫を寝取りたいというのなら、「私に勝ってから夫を奪え。コソコソするな」というのがレワ子の女としての意地だった。

不思議なことだったが、ひと騒動を終えた頃からレワ子と夫のセックスの回数が増えた。夫のことが好きだからセックスができるという気持ちだった。

そういえば事実婚をするとレワ子が言ったとき、大学時代の友人から言われた。

「えーっ！　もし旦那のこと好きじゃなくなったら、どうするの？　それだけで終わっちゃうよ」

たしかにそうかもしれない。

事実婚だから、レワ子と夫を結ぶ法律は何もない。

ということは、レワ子と夫が一緒にいる理由はただひとつ。好きだからということだけだ。

長男も次男も、夫を男のモデルにして育つのだろうか。自分のような女と付き合ってほしいとは思わないが、夫のような男に育てば誇らしいと、レワ子は思っている。

離婚にまつわる用語集 4

▼**親権・親権者**

　未成年の子を養育監護し、その財産を管理、子を代理して法律行為をする権利・義務のこと。親権を持つ者が親権者。子の父母は、婚姻中は共同して親権（共同親権）を行使するが、離婚の際には、父母のいずれか一方のみを親権者とする。日本では離婚後の共同親権は認められていない。未成年の子がいる夫婦の場合、子の親権を決めなければ離婚届は受理されない。親権は戸籍に記載される。離婚時に決めた親権を変更する場合は、元父母間で協議するだけでは変更はできず、家庭裁判所への調停あるいは審判の中立の必要がある。

▼**監護権・監護権者**

　子供の心身の成長のために養育監護する権利、義務。監護権者は、これを持つ者のこと。本来は、親権の中に監護権が含まれ、親権と監護権は一致することが望ましいが、例外的に監護と親権を切り離して、監護者と親権者を別個に決めることも可能。例えば、親権者は主に子の財産管理の権利を有し、監護権者は主に子の心身の成長のための教育・養護の権利を有するなど。しかし調停、審判あるいは離婚訴訟で、親権者と監護者を別とすることは稀である。

▼**面会交流権**

　離婚後、子を監護養育していない親が、子に面会したり、一緒に時間を過ごしたり、または文通したりする権利のこと。民法766条は面会交流権を前提とする規定であるが、面会交流は子供にとっても親との関係を形成する権利であり、家庭裁判所の実務でも面会交流に積極的な

※裁判所ホームページ「養育費・婚姻費用算定表」
https://www.courts.go.jp/toukei_siryou/siryo/H30shihou_houkoku/index.html

傾向である。

▼養育費

離婚後に別居親が、子供の同居親に支払う子供のための監護の費用。別れた妻もしくは夫の生活費は含まれないため一般的。離婚前の婚姻費用より額が安くなるのが一般的。家庭裁判所が公表している養育費の算定表（※）に基づいて計算するケースが多い。

▼認知届

婚姻関係にない男女の間に生まれた子供を父親が自分の子供であると認める届出。結婚していない男女の間に生まれた子供は、認知されない限り父親と法律上の親子関係が認められない。認知をされることで初めて、子は父親との法律上の父子関係が形成され、養育費の請求や相続など法律上の子としての権利が認められる。実際に父親であるにもかかわらず認知をしない父親に強制的に裁判所の手続で親子関係を確定させる強制認知の審判等もある。

▼離婚届の書式改正（2021年4月）

離婚届用紙の書式に養育費分担の取り決め方法が「公正証書」か「それ以外」かにチェックを入れる欄が新たに設けられることになった。離婚にあたり、養育費をきちんと取り決めるよう促すのが狙いである。

ケース18

コロナ禍でペンディングされた、「終わった人」との離婚

セジ子の問題

開業医の父の背中を見て育ち、2人の兄と同じく医師となる。父が仕組んだ病院長の息子との結婚から逃れるべく、外来患者だった夫と「できちゃった婚」を強行。夫は博士課程に在学中で収入はほぼなく、親の遺産やアルバイトで食いつなぐ状態のため、セジ子ひとりで家族を経済的に支え続けた。長女が地方の国立大学医学部へ進学するのを機に離婚を決意する。

セジ子の父は伊豆の伊東の開業医だった。セジ子は長女だが上に兄が2人いる。兄たちは父から「必ず医者になる」ように、子供の頃から言われていた。真面目な兄たちは父の言う通り東京の私立の医学部を目指した。

兄たちは年子だったが、セジ子は下の兄とは5歳離れていた。セジ子が高校生になったのも、兄たちが無事に医学部に進学し、両親がホッとしたあとだ。父はセジ子には、進路のことを特

にあれこれ言わなかった。たったひとりの女の子として、ただ可愛がられた。

セジ子は父にも母にも話はしていなかったが、高校生になる頃には、「医学部に進学したい」と、強く思っていた。開業医の父の背中を見て育ち、医院の消毒剤や薬品のにおいが好きだった。父から「医学部に行け」と言われて勉強に追い立てられている兄たちが、父への反発心なのか勉強を嫌々しているような顔をしていたのが、セジ子には不思議でならなかった。

「勉強なんてすればするほど面白いものじゃないか」「医学部に行ければ、お父さんも喜ぶし、何よりもお父さんと同じ仕事に就けるのに」と思っていた。

ところが父は、セジ子には兄と同じように医学部に行けと言わなかった。専業主婦だった母も、理系コースに進学したセジ子に、「女の子だから薬学部がいいわね」とチラッと言ったが、やっぱり医学部に行けとは言わない。

だからセジ子は、自分は兄たちと違って言われなくても自分で勉強して、自分で医学部に合格して父を驚かせるんだと、ますます勉強をした。高校3年生になって最初の模擬試験の成績は、静岡県内の国立大学医学部の合格可能性が「B」と、まずまずの結果だ。セジ子は、模擬試験の結果を見せつつ、地元の「国立大学の医学部に進学したい」と言えば、父は驚き、そして褒めてくれると思っていたのだ。

ところが父は、模試の結果にも医学部に進学したいということにも、渋い顔をした。「どうしても医学部というなら、東京の私立にしなさい」というのが父の答えだった。母に至っては、「ただ勉強が好きで極めたいなら、医学部じゃなくて理学部とか学者の道じゃダメなの？」と言う始末だ。

ショックだった。

ただ、父の渋い顔は怒っているとか、無理に止めるとかいうのではなく、何か残念なという感じがした。だが、「医学部に進学する」という固まった自分の気持ちを変えることはできなかった。そこで父と折り合いをつけて、兄たちと同じ、東京の私立の医学部を受けることにした。

高校3年生の1年間で、勉強にスパートをかけて、国立大学の医学部に現役合格する実力をつけるつもりだったので、私立の医学部1本の受験は少し肩すかしだった。それでも、自分の記録として、ちゃんと残しておきたかったので準備は万端に整えて受験した。セジ子はもちろん合格したが、あとで入試の点数がその年の合格者の中でダントツの一番だったと知った。

セジ子が医学部に6年間通っている間に、上の兄は医学部の同級生と結婚し、伊東の父の医院を継ぐ形で地元に戻った。下の兄も同じように医学部の同級生と結婚し、義父が院長を務める地域病院を継ぐ形で、妻の地元へと行った。たしかにセジ子の大学は結婚相手を「中で見つける」パターンが多いようだ。

ただ、セジ子は同じ医学部内の男子学生には興味が湧かず、何かしら誘われることはあったが、どうも好きになれない相手ばかりで、交際に至るようなことはなかった。飲み会でほろ酔いになり、スポーツマンの先輩から誘われてセックスしてしまった、ということもあったが、初めてのセックスの感慨もあまりなかった。そのとき「性的な関係を持ったから気持ちが動くというものではない」と、自分を客観視するように思っただけだ。

むしろ医学部での6年間は、高校3年生のときに「やり足りなかった受験勉強」の代わりに、医師国家試験に向けた勉強をひたすら積み重ねる、そんな日々だった。もとより勉強が好きなセジ子にはそれが充実した日々となった。

医師国家試験にも合格したあと、セジ子の進路は突然決まった。

ある日、「用事があって東京に来たから」という父と、医師国家試験の合格祝いの名目で、銀座で夜に食事をした。そのとき、父の医学部時代の同級生がある医療法人の理事長をしており、その医療法人が設置する三鷹（みたか）にある病院の常勤医師の席を、「セジ子のために空けてもらって決めてきたから」と言われた。そのときの父は渋い顔ではなかった。子供の頃、兄たちに見せていた「有無も言わせない険しい顔」だった。

セジ子は、研修を終えたらそのまま大学の付属病院に残って、博士課程に在籍して医学博士を目指そうかとぼんやり思っていた。しかし父の険しい顔に、セジ子のぼんやりした思いなど、とても口にすることなどできなかった。

父は、高校3年生のときのようにはセジ子に先回りさせなかった。そしてセジ子は研修医を終えたあと、三鷹の病院で医師としての生活をスタートさせた。

勤務先の病院には理事長の息子が、同じく常勤医として働いていた。申し訳ないが冗談でも優秀と言えない医者だった。それでも理事長の息子だから、それなりのポジションと目されていた。セジ子が「その人の花嫁候補」としてこの病院に入れられたことは、誰が見ても明らかだった。セジ子がその理事長の息子と結婚すれば、ゆくゆくはセジ子を院長に就かせて、経営も差配する。そういうことを期待されていることは、理事長たち経営者一族との関わりから、さすがのセジ子もすぐにわかった。

そしてセジ子の給与口座には、驚くほどの金額の給与が毎月振り込まれた。同期の新人医師に比べたら破格であり、それは恐らく将来の「約束」のためであった。

「逃げなければ」とセジ子は、本能として思った。自分の将来の自由が脅かされる、恐ろしさを感じた。

その病院での勤務が1年になる頃、「いよいよ結婚させられるカウントダウン」の話が具体的に出てきそうになった。そんなとき、セジ子は夫と出会った。外来担当日、昼休み直前に高熱が出たといって受診してきたのが夫だった。セジ子は眼科の外来担当だったが、手が空いているのがセジ子だけで、とりあえず診察することになった。

身体の症状を見る限り、いわゆる「ただの風邪」であり、感染症の疑いは薄かった。ただ、「3日前に1か月の北アフリカの現地調査から帰って来た」という問診の記載が気になったので、感染症の可能性がゼロとはいえないと思い、いくつかの検査をした。結果として、感染症の疑いもなかったが、その診察の中でセジ子が「北アフリカに何の現地調査ですか?」と聞いたら、夫が「昆虫の調査研究でモロッコに行っていた」と言い、ついつい話が弾んだ。

夫は、早稲田大学の仏文の博士課程に在籍する大学院生だった。四国の高知県の田舎育ちで、子供の頃からバッタを追いかけ回すのが好きで、昆虫生態学を勉強するために、京都大学の農学部に進学した。京大で夫は独学でフランス語の勉強をし、バッタに関する海外の文献を読み漁る中で、北アフリカのバッタの生態にのめり込んだ。そこから北アフリカの農業とバッタの生態の関係や人間の経済活動とバッタの群れの発生や集団行動について、総合的な分析や研究をしたいと思い、大学院からは早稲田の仏文に移ったのだという。

夫の話は軽妙で面白く、医学部と医者の狭い世界しか知らないセジ子にとっては新鮮だった。その中で、夫が「バッタの目というのは大きな複眼が2つと、小さな単眼が3つある。きっとバッタが見ている光景は、僕たち人間と全然違うんだよ」と言ったことが心に残った。

セジ子はそこでよせばいいのに、「医学部時代に、目から入る光を眼の細胞がどのように信号にして、脳がそれを映像として理解するのか、わかりやすい論文を読んだことがあるので、それをせっかくだからお渡ししますよ」と言ってしまった。セジ子は、その日の夜には「約束した論文のコピーを渡したい」と自分から電話をして夫を呼び出し、遅めの食事をしたあと、そのまま泊まってセックスをした。

その日のセックスで、セジ子は長女を授かった。

そしてセジ子は夫と結婚することとなり、それを理由に病院を退職した。この病院の跡継ぎから逃げるには、このくらいの強引な逃げ方しかなかっただろう。

伊東の実家への退職と妊娠と結婚の報告は、セジ子ひとりでまず行くことにした。高校3年生のときは渋い顔をして、医師国家試験に合格したときは険しい顔をした父は、セジ子を前にもう鬼瓦だった。「出て行け！」と怒鳴り散らされた。

そして実際に家を出て行くとき、父からは「どこまでも裏切られた」と言われた。セジ子は父に褒められたいと思い、父が喜ぶと思い、医学部を目指そうと高校生のときに決めたのに、そのことすら父には「裏切り」だったのだ。

母や兄、兄嫁は意外と優しい言葉をかけてくれた。結婚式などもはや挙げるような状況ではなく、夫の実家もすでに父親が亡くなっていたので、夫の母を東京に招待して、挨拶がてらの食事だけをした。

夫の母は、セジ子の母に何となくよく似た、真面目で控えめな人だった。「うちの息子のせいで、セジ子さんに迷惑をかけてごめんなさい」と言われた。セジ子はこの状況を「迷惑」とは思っていなかったので、謝られたことに驚いた。

夫は博士課程に在学中だったから、収入はほぼナシの状態だった。いつか返済しなければならない奨学金と、わずかな実習アシスタントのアルバイト、そして亡くなった父親から相続したいくばくかの貯金で生活しているとのことだった。だから贅沢な新婚生活はできなかった。新居はセジ子がもともと住んでいた、三鷹のファミリータイプのマンションに、そのまま夫が引っ越してくることで整った。勤務先だった病院との利便性を優先して、築年数も設備も古い家賃が安いマンションにしたことが、かえって助けになった。

出産するまでは仕事ができなかったが、この1年間の貯金だけで、その期間の生活は十分にできた。そしてセジ子の出産後も、生活に困ることはなかった。セジ子は医者だ。地域のいろんな病院での当直や外来、健康診断……。医師専門の派遣会社が斡旋（あっせん）してくれるアルバイトでつないでいけば、家族3人が暮らすのに十分な収入になった。

セジ子は医者だった父に漠然と憧れて、父に褒められたいと思って医学部に進学した。どこかで父は、「自分の背中を見て自発的に医者になった娘」としてセジ子を誇りに思ってくれていると信じていた。だが、結婚の報告をしたとき父に、「どこまでも裏切られた」と言われたことで、セジ子の中の何かがプツリと切れた。

セジ子にはそれまで、「ちゃんとした医者であらねば」という漠然とした思いがあった。もちろん、何が「ちゃんとした医者」なのかはよくわからない。ただ、「ちゃんとした医者」の例えばの形として、何かしらの専門医の資格を取ることだったり、地域の医療のために身を粉にして尽くすことだったり、診療所や病院をしっかり経営することだったり、セジ子はそんな医者になることが「ちゃんとすること」だと思っていた。

ところが父のひと言で、その「ちゃんとすること」へのこだわりはなくなった。そして妊娠と出産で大きく変わった日常、自分と全く価値観や生活環境が違う夫との生活で、「とにかく明日の生活のために、いかに効率よく収入を得るのか」という手段として医者の仕事を意識するようになった。

そんなドタバタとした生活で、あっという間に18年が過ぎた。

新婚から数年はバイトのつなぎの生活だったが、長女が小学校に入る頃に、セジ子は駅ビルのショッピングモールにある、コンタクトレンズ処方をもっぱら引き受ける、眼科クリニックの医師の仕事を得ることができた。バイト先をずっと紹介してくれていた、医師専門の派遣会社の営業担当が、「いやー、正直、バイトばっかりの先生って、ちょっと難しい人が多いんですが、セジ子先生は普通の先生だから、絶対大丈夫ですって推薦したんですよ」と持ってきてくれた仕事だった。おかげで、長女を都内の私立の進学校に、中学、高校と通わせることができたし、郊外だが中古でマンションを買うこともできた。

ところが、夫はずっとこれといった大学のポジションを得ることもなく、どこかの研究室に籍を置きつつ、フランス語の万年非常勤講師だった。『北アフリカの農業とバッタの生態の関係や人間の経済活動についての総合的な考察』という研究テーマが、そもそも、社会に需要があるものなのか、それすらわからなかった。「うだつが上がらない」とは、まさに夫のためにある言葉じゃないかと、セジ子は夫に苛立つことすら面倒くさく、ただあきらめる気持ちだけが増していった。

ただ、夫は家のことは全部してくれた。長女が小さい頃は、保育所の送り迎えも、弁当も、学校とのやりとりも、すべて夫がしてくれた。そのほかの家事もすべて夫任せだった。そして、長女も外を出歩くことや自然や動物が好きで、夫と一緒にバッタがどうしたなどと、何かと休日はふたりで出かけていく。

長女が中学3年生の夏休み、夫がようやく研究費に「当たった」。研究費は倍率が高く、競争を勝ち抜いた研究者は「当たった」と表現する。その「当たった」研究費でモロッコへの調査に行くにあたり、長女が一緒に行きたいと言ったことにはセジ子も驚いた。もちろん研究費からの渡航費は夫の分しか出ない。娘の渡航費や滞在費は夫が用意できるはずもない。夫はむしろ無一文に近い。長女の渡航費や滞在費は、すべてセジ子が用意した。

夫と長女がモロッコに行っている間、セジ子は久しぶりに伊東の実家に帰った。父は、セジ子と関係修復をしないまま、数年前に癌で他界していた。父の墓参りのあと、年老いた母や兄の家族と懐かしく話をしたが、「生活感」という言葉でいえば、彼らとはあまりにも別の「生活感」となっていた。

夏の終わり、モロッコから帰ってきた長女から、10代の少女の新鮮な感動をたくさん聞かされたセジ子は、長女の成長を嬉しく思うと同時に「あぁ、長女は、このまま夫の背中を見て育つのだろうか」と寂しい気持ちも覚えた。

そして長女が高校生になった頃から、「夫と離婚したい」という気持ちになった。

この家を出てひとりで暮らすほうが、セジ子にとって気持ちが楽なように思えてならなかった。長女と夫は、ふたりでうまくやるだろう。夫が相変わらず「うだつが上がらない」のであれば、生活費くらいは送ってあげれば良い。長女は気の優しい子だから、セジ子が家を出ても、ときどきは会って食事もしてくれるだろう。

夫との性生活なんてもうずっとない。あとは「別に暮らすそれぞれの人生」のタイミングだけだと、セジ子は思った。

「見てみて！」

２０１９年の３月、セジ子が家に帰ったら、長女が自分のスマホを嬉しそうに持ってきた。

長女は来月から高校3年生に上がる。長女のスマホには、「高校3年直前模試結果」という画面が表示されており、「合格可能性　B判定」という文字があった。四国にある国立大学医学部の合格可能性だった。

「医者になりたいの?」とセジ子が聞いたら、長女が「うん、うん」と大きくうなずいた。

「ママには言ってなかったけど、私、中学くらいからお医者さんになれたらと思っていた」

そうか、長女は決して「夫だけの子」ではなかったと、セジ子の胸に大きな安堵感が広がった。セジ子はその場で、長女の受験が終わるまでできる限りのことをすると話した。予備校代や塾代くらい、いくらでも使えるということを話した。そして地方国立大学の医学部なら、授業料は安いが生活費がかかる。女の子だからあまり不自由はさせたくないから、仕送りも十分にしてあげるということも話した。そうすれば安心して受験できると思ったからだ。

親の欲目もあるが、長女の学力なら、もっと名の知れた大学の医学部にも合格できると思った。ただ長女は、四国にあるその大学の医学部にこだわりがあるようだった。恐らく四国出身の夫への、長女なりの気遣いだろう。

そこから長女の医学部受験モードが始まった。セジ子は自分の大学受験が不完全燃焼となった後悔があったため、長女には徹夜をしても、何をしても、好きなだけ自分の限界を超える勉強をしてもらいたかった。

夫はというと、50歳を目前にようやく、2020年4月から大学の常勤のポストを得ることが決まった。東北の地方都市で、不振になった私立大学を自治体が引き継いだ新設の公立大学での准教授だ。待遇はとても悪い。だが、万年非常勤講師がようやく「准教授」という肩書きになれるのは、夫にとっては大きな出世らしかった。「文系と理系の学際分野で国際的研究の実績があるから」と夫は誇らしげに言うが、もうセジ子には全く興味がなかった。

いずれにせよ、夫は2020年4月には家を出る。そして、同年3月、長女は第一志望の四国の国立大学の医学部に合格した。思いがけず、2020年4月から家族3人がバラバラになることになった。

長女の大学入学手続を終えた日の夜、セジ子は夫に「離婚してほしい」と伝えた。

セジ子と弁護士の会話

弁護士「離婚には合意したけれど、離婚届はまだなんですよね？」

セジ子「夫には、長女の大学入試の手続が終わったときに、離婚の話をしました。夫もちょっと考えるとは言ったけれど、すぐに離婚することは受け容れてくれて」

弁護士「長女さんは、どうでしたか？」

セジ子「長女には、私から家族がそれぞれ離れる機会に、離婚したいと話をして、学費とかは私が払うから、私が親権者になると説明したらわかってくれました」

弁護士「長女さんは、大学は無事にスタートしたのですか？」

セジ子「合格発表の頃から新型コロナウイルスの問題で少し移動がしづらい状況でしたが、長女の大学からは遠方からの新入生も移動できるうちに早くに引っ越しするようにと連絡があり、長女は3月のうちに四国に引っ越しました」

弁護士「ところが夫さんの赴任先の大学は違った……」

セジ子「夫の大学の場合、東京から東北への赴任予定の教員は、全員いったん東京に待機となりました。引っ越し先はいずれにせよ大学が用意した社宅だったようですが、結局4月になっても夫は家にいることになって……」

弁護士「セジ子さんも今、クリニックはお休みなんですよね？」

セジ子「はい。クリニックの入っているテナントビル全体が新型コロナウイルスの自粛要請で今、休館になっているので、コンタクトショップと一緒に私も休みです。だから今、離婚を約束した夫と、家でずっとふたりでいるみたいになって」

弁護士「今日のこのリモートの法律相談は、クリニックからですよね？」

セジ子「はい。誰もいないクリニックです。クリニックの在庫の消毒剤やマスクを、長女に送れないか見てくると言ってクリニックに来ました」

弁護士「それで、相談内容というのは、夫さんがやっぱり離婚をやめようと言ってきた……」

セジ子「はい。ゴールデンウィークが明けて、政府の緊急事態宣言の延長が決まり、大学の後期の授業は、いったん白紙になることになったようです。それで、夫が離婚をやめにしないかとか言い出して」

弁護士「夫さんは、大学のことを理由に、と言ってきたのですか？」

セジ子「いいえ、タイミングが大学の後期の授業の白紙という話と重なっただけだと思います。私には、離婚となると養育費とか財産分与とか考える必要もあるし、互いに再婚する予定もないんだし、私も名字を旧姓に戻さないのなら、離婚する必要ないと。せめて長女が成人になるまでいあと2年間くらいは、離婚をペンディングでいいじゃないかとか」

セジ子「はい。3月に、離婚することを夫がすんなり受け容れてくれて、私は本当にホッとしたし、晴れやかな気持ちだったんです。4月からは別々になるんだ、もう夫のことを気にしなくていいって。それなのに新型コロナウイルスの緊急事態宣言で、夫の引っ越しが先延ばしになって。正直、ステイホームの4月の間、自宅のリビングで、大学のリモート講義を張り切ってやっている夫の声を聞くだけでもイライラするようになって。それでも、離婚を約束しているということで、何とか我慢していたのですが……」

弁護士「3月に約束したときは、財産分与や養育費の話は、何かされましたか?」

セジ子「全くどちらからも話はしなくて。養育費というか、長女の学費や仕送りは、卒業まで全部、私が出すことは当然の感じになっていて、財産分与など全く話にも出ませんでした。『4月になったら手近な荷物を段ボールに入れて、旅立つように出て行く』くらいのことを夫は言っていたので」

弁護士「いや、養育費はさておいても、財産分与の話を本気でするとなると、マンションの半分のお金や、セジ子さんの貯金の半分を夫さんに渡すという話になってきますよ」

セジ子「ええっ? 私、今まで働いて夫を養ってきたのに、それでやっと夫が、大学教員の仕事に就くから肩の荷が下りるのに……」

弁護士「気持ち的にはそうなんですが、ご夫婦で、専業主婦だった妻が、子供さんの自立をきっかけに離婚をするとき、夫さんの名義の財産の半分を財産分与で請求するのは、よくある形で、今回も男女が逆転しただけで、同じといえば同じなんですよ」

セジ子「夫はたしかに家事も育児もしてくれましたが、何よりも夫は、本業が、冴えない学者だったから、たまたま主夫をしていただけなんです」

弁護士「ただ今回、夫さんが、財産分与とか考える必要もあるし、と言っただけで、財産分与を具体的に請求したのではないですよね。夫さんが、本当に財産というか、お金を取りたいと思っていたら、離婚をやめるか、ペンディングじゃなくて、むしろ離婚届をサッサと出して、財産分与の請求を具体的にすると思いますよ」

セジ子「夫の言うように今、離婚をしたって、具体的に生活の何が変わるわけでもないというのはわかります。でも、私はもう、ダメなんです。離婚したいんです」

弁護士「セジ子さんのいう離婚というのは？」

セジ子「離婚っていうのは、もう離婚です、としか言えないのですが。離婚するという言葉がちゃんと実現できないと、私はしんどいですね」

弁護士「わかりました。お互いが合意して離婚届を出せば、法律上の離婚は簡単に成立します。財産分与は、夫さんが離婚後2年間請求してこなければ、もうできません。法的な話でいうと、財産分与をどうするのかだけは、話しにくくても、やぶ蛇になるかもしれませんが、夫さんに確認した上で、離婚したいという気持ちをもう一度話し合ってみてはどうでしょうか」

セジ子は、夫がなぜ今さら離婚をやめるか、ペンディングと言ったのか、その真意を考えることだけでも、気が滅入った。2020年3月で夫婦の関係は終わって、もう離婚はしているというのがセジ子の感覚だった。ところがたまたま新型コロナウイルスの感染拡大や社会情勢や、政府の緊急事態宣言で、夫の引っ越しが先延ばしになって、離婚届を出しそびれたという理解だった。

「もう終わっていた」と思っていた夫婦の関係を、夫が「まだ終わっていない」と思っていたということも、気持ちが悪かった。

いつものように仕事がある生活ならば、気持ち悪さも日常の中に昇華させて、何かの弾みに「はい、離婚届、明日、出しに行こう」と言えたかもしれない。だが、夫はずっと家にいる。セジ子も家にいる。クリニックのパソコンで弁護士とリモート相談をして家に帰ったときも、玄関を開けたらリビングから、北アフリカの農業とバッタの話を、意気揚々とリモート講義でパソコンに向かって話す夫の声が聞こえた。

「なぜこの人は、私の家にいるのだろう」

夫のことを他人としてしかもう見られなかった。この人を養ったことは後悔していないが、ただ、セジ子にとっては「終わった人」がなぜ舞台からまだ退場していないのかという感覚だった。

夫は、大学の後期の授業が白紙になって、せっかく見つけた准教授のポストもいつまで続くのか、急な不安に駆られて離婚を取りやめたくなったのだろう。だが、セジ子は夫の駆け込み寺でもないし実家でもない。

セジ子は、研修医を終えて新人の医者だったとき、出会い頭の事故のように偶然に出会った夫と強引に結婚することで、父に外堀を埋められていた結婚から逃げることができた。長女も良い子に育った。それは夫のおかげで感謝をしている。でも、その分、セジ子は夫を経済的に養った。損得勘定でいえば、お互いにイーブンだ。

夫のリモート講義が終わるまで寝室で息を殺していたセジ子だったが、夫の声がやんだのでベッド脇のテレビをつけた。ちょうど夕方のニュースが「今日の政府の対策会議で、緊急事態宣言の全面解除が決まるだろう」と言っていた。

「あぁ。終わるんだ」。セジ子は、胸の中で心臓と肺と気管を縛っていた麻紐が、フワッとほどけるような感覚になった。

「ねぇ、やっぱり私は明日とりあえず離婚届を出したい」「私は名字も旧姓に戻さないし、あなたが東北に行くまで別にここに住んでいてもいいから、再婚する予定もないけど、私たちはもう離婚しているんだから、離婚するしかないよ」

セジ子は寝室から出て、パソコンを片付けている夫に言った。夫は顔を上げてセジ子を見て、渋い顔をした。夫ももはや現実を受け容れるしか選択肢はない。財産分与を夫が請求するなら、相応のものを払うつもりだと言おうとも思ったが、やめておいた。それは夫が決めることだ。

7月、夫は予定より3か月遅れて、荷物をまとめて家を出た。夫の好みで選んだセジ子名義のSUVに段ボールを積み込んだ。

「多摩ナンバーの車だから、あっちで何かされるといけないから、すぐにあなたに名義変更するわ。あなたも着いたらまっさきに警察で車庫証明の手続をしてね」

それがセジ子から夫への別れの言葉だった。

　その日の夜、長女から「大学から帰省は控えるようにと言われているから、夏はずっとこっちにいるね」というＬＩＮＥが入った。多分長女は夫から家を出たことを聞いて、気まずくないようにと、セジ子にＬＩＮＥをくれたのだろう。長女はリモート講義だから、かえって自宅で集中して勉強ができているとか、前向きな近況報告もしてくれた。

「でも上級生は実習ができないから大変だろうね」と、セジ子は医学部の先輩らしい返事をしてから、「パパとは今日、ちゃんとお別れしました。ありがとう」というＬＩＮＥを長女に送った。

ケース19

子供の成人まで離婚を保留にした、別居夫婦の親権争い

ゼル子の問題

全国展開する機械メーカーに管理職として勤務する45歳。ゼル子の不倫が原因で5歳上の夫とは別居中。中学1年生のひとり息子とふたりで暮らす。別居前に離婚は子供の成人まで保留すると夫と取り決めたが、最近夫から「離婚して親権がほしい」との申し出を受け、想像以上にうろたえる。

ゼル子は45歳、中学1年生の息子とふたり暮らしだ。別居している夫とは、子供が成人したら離婚しようと、前から話をしている。

ゼル子は全国に事業所がある機械メーカーの人事部で、管理職をしている。会社の組織改革で、肩書きがすべてカタカナになったが、一般の会社でいえば「課長」の筆頭、「部長」の手前というところだ。もともとは昔ながらの日本型企業だったゼル子の会社は、大卒の女性採用

は技術開発の専門職ばかりで、管理部門や営業は「男の牙城」だった。ゼル子は社内で初の文系大卒の女性採用だ。それが１９９６年のことなのだから、どれだけ「古い体質の会社」だったかというのがわかるだろう。

ところがそこから長引く不況で、業績がどんどん悪化。会社の大株主が創業者一族から外資のファンドへと代わり、会社の体質がビックリするほどあっという間に変貌したのだ。特に本社を中心とする管理部門の人事制度が大きく変わった。ゼル子が入社したときの上司は次々と辞めていき、気づいたらゼル子は同世代の生き残りとして出世頭となっていた。

ゼル子はそんな変革の荒波にもまれつつ、結婚と出産、そして育児をこなした。

5歳上の夫は大手通信インフラ系企業の人事部勤務で、大企業の人事担当者の勉強会で知り合った。知り合って付き合うようになったときゼル子は20代後半だったが、ゼル子の会社の組織が変わったり夫が子会社に出向になったりと、なかなかタイミングが合わず31歳でやっと結婚できた。結婚の翌年には息子が生まれた。

しかし息子が小学5年生のとき、夫と別居することになった。

原因はゼル子の不倫だ。

息子が生まれたとき、夫とは共働きだから育児は等しく分担しようと話し合った。しかし気づいたら、育児にまつわるほとんどのことをゼル子がしていた。ただ息子が小さい頃は、「これが母親の役割」だと、ゼル子も自分に言い聞かせて納得するようにしていた。たしかに息子がまだ赤ちゃんという頃は、子供の成長の過程を独り占めできることを母親の特権のように思い、誇らしいと感じることすらあった。

だが、それはせいぜい幼稚園までだ。息子が小学生になれば、これまで肉体労働中心だった育児がたくさんの事務作業と頭脳労働に変わった。会社の仕事と子供の用事と、時間の折り合いをどうにかすること、会社の同僚たちや相手先に無理を聞いてもらうことが、ゼル子にとっての「子育ての事情」となった。学校の参観や懇談、息子の習い事の送り迎え、時折やってくる何かしらの「説明会」。それが「行かねばならない」ものかどうかも、行ってみないとわからない。

ゼル子の会社はその頃にはすっかり外資系になっていたので、堂々と「制度を使う」ことができた。入社当時のままの会社組織だったなら、とてもこんな風にはできなかっただろう。

夫は何もしなかったというか、できなかった。気づいたら子供のことはゼル子にしかできない生活になっていた。一度学校からの家庭生活の調査票を書いてみないかと夫に水を向けたら、「書こうとしても何を書いていいのかわからない」と投げ返された。

そんな夫なのに、息子が小学校に上がった頃から、息子と「男同士」で楽しいことだけツマむようになる。例えば夏休みの家族旅行。飛行機やホテルやレンタカーの手配はゼル子の仕事で、旅行先で息子と楽しく遊ぶのが夫の「仕事」といった具合だ。

小学校3年生の終わり頃に息子が、「サッカーチームに入りたい」と言った。話を聞くと、土日は朝早くから練習があるという。弁当まで用意しなければならず、チームの子供たちを持ち回りで我が家の車に乗せて遠征試合に行くこともあるという。ゼル子は正直「面倒くさい」

と思った。しかし、夫は賛成だった。

ゼル子は楽しいことだけつまみ食いする夫に感じていた、うんざりした気持ちを我慢できず、わかりやすくキレた。そして、息子がサッカーチームに入ることを受け容れることと引き換えに、息子のサッカーだけでなく、週末の家のことをすべて夫がすることを約束させた。

かくしてゼル子は週末の自由を勝ち取った。

週末の自由を勝ち取ったゼル子は、早々に不倫してしまった。

桜の季節の土曜日に、学生時代のバイト仲間が集まり花見をした。久しぶりに再会した当時の先輩に誘われるまま関係を持ってしまったのだ。互いに既婚者で学生時代に戻っての一晩だけのつもりの関係がズルズルとなり、不倫相手の妻がどこでどう調べたのか、ゼル子が不倫していると夫の職場に電話をした。

やむなくゼル子は弁護士に依頼し、不倫相手の妻に慰謝料を支払い、不倫相手との関係も清算し、夫にも頭を下げて何とか泥沼の状況から抜け出した。

そして、夫から別居を切り出された。

ゼル子に選択権はない中で、夫から子供が成人するまでは離婚しないでおこうと言われた。まだ小学生の息子には母親のほうが必要だからと夫が言い、夫が自ら家を出た。ゼル子と息子はそのまま3人で暮らしてきた賃貸マンションに残り、夫はすぐ近くに別にマンションを借りた。

週末は息子が夫のマンションに泊まりに行き、たまには3人での外食もする。

息子とのふたり暮らしは夫がいるときよりも気楽だった。洗濯物の量も減り、作る食事の量も減った。ちょっとした家事についても、息子に「手伝って」と気楽に言えるようになった。息子も事情はぼんやりと把握しているようだったが、週末の息子の送り迎えで夫婦が顔を合わせれば話もするし、ときどきは3人で外食もする状況から、「離婚はしない」と安心しているようだ。

ゼル子は息子になるべく習い事や塾に通わせ、息子が家でひとりで過ごすことが少ないようにした。そして会社を定時で上がれることが多い水曜日は、息子とふたりで出かけたり家でオンデマンドの映画を見たりするようにした。

小学生でも高学年になれば、小さい子供のように何でもかんでも親に話すことはなくなった。でも、子供向けのアニメ映画を「ほぉっ」という顔で見入る息子の横顔に、「まだまだ子供だな」と思い、安心するような気持ちと、赤ちゃん時代が懐かしいような気持ちとが混ざり合い、ときに感傷的になって涙が出ることもある。すると息子は、「何で泣いているの？　この映画、そんなに悲しくないよ」と真顔で心配してくれた。

中学生になっても、息子が週末を過ごすのは夫の家だった。小学生の間は、夫の家に泊まる土日は概ねサッカーの練習や試合に費やされていたが、地元のサッカーチームは小学生までで、息子は中学校の部活でサッカー部に入った。ゼル子は息子が中学生になってから、土日を夫とどのように過ごしているのか知らない。それをあまり詮索すると夫との関わりに口を出すようで、ゼル子は意識して気にしないよう努めていた。

その年の6月頃だった。夫から「今年の夏、家族3人で沖縄に旅行しないか」と誘われた。ゼル子は、夫と一緒ということに少し抵抗はあったが、息子が大きくなればなるほど家族3人での遠出の機会も減るだろうと思い、夫の提案に乗ることにした。

旅行の手配はすべて夫がしてくれた。

もちろん、今さら夫とゼル子の間に何かあることもなく、寝室が2つあるペンション型の宿泊施設で、夫と息子のふたりがひとつの寝室、ゼル子がひとりでもうひとつの寝室を使った。

その旅行の最後に夫からゼル子に、「離婚してほしい」ということ、そして「息子の親権がほしい」ということを言われた。息子が成人するまでは離婚しないという約束を前倒ししたいと夫は言った。ゼル子は、別居生活も2年が過ぎ、この形での生活も落ち着いた中で、そろそろ離婚したいという夫の気持ちは理解できた。

ただ、親権をほしいと言われたことには戸惑った。

ゼル子と弁護士の会話

弁護士「お久しぶりですね」

ゼル子「その節はお世話になりました。先生に、不倫相手の奥さんとの示談をまとめてもらったところまでは良かったのですが、結局夫からは別居を言われて今に至ります」

弁護士「夫さんとしても、やりきれない気持ちだったのでしょうね。でも、子供さんの負担にならないように、お互いに丁寧に関わりを持つことがなかなかできないご夫婦もいますから、ゼル子さんたちは別居の優等生ですよ」

ゼル子「優等生のつもりでしたが、夫からはやっぱり前倒しで離婚したい、それに親権がほしいと言われました」

弁護士「ゼル子さんとしては、親権を渡すつもりはないのですよね？」

ゼル子「はい。離婚となってしまっても、息子のことは大人になるまで自分が……という気持ちです」

弁護士「日本の法律では共同親権は婚姻中のみで、離婚のときは必ずどちらか一方のみを親権者と決めなくてはいけません。逆にそれが決まらなければ離婚できませんから」

ゼル子「親権者になれないと、息子とは一緒に暮らせないのですか？」

弁護士「いや、そんなことはないですよ。親権とざっくり言いますが、その中身は子供がすることへの代理権だったり、子供の財産を管理する権限だったり、親としての個別の役割です」

ゼル子「一緒に暮らすということは？」

弁護士「一緒に暮らすことは、子供さんの日々の生活を見守るという役割で、『監護権』なんて言葉で表し、親権に含まれると考えられます。そして裁判所で離婚調停をする場合など、親権者が『監護権者』として、子供を引き取り一緒に暮らすと決めることがほとんどです。ごくたまに、『親権者』と『監護権者』を分けることもありますが」

ゼル子「細かく考えないといけないのはわかるのですが、細かく考えることが嫌になりそうな」

弁護士「でもね、親権者というざっくりした言葉で、『どっちの子供』と無責任にまとめて結論を出すのではなく、『子供さんに対するそれぞれの役割をどうするのか』、離婚にあたって細かく細かく考えるプロセスを経ることが、子供さんも、『親はしっかり考えてくれた』と思えることにつながります。親同士で決めた結論を子供さんが受け容れやすくもなりますよ」

ゼル子「ただ、夫は学校の面倒くさいことや代わり映えのしない平日の料理洗濯とか、そういうことをほとんどしてきませんでした。それなのに息子が手のかからない年になったところで『自分が親権をほしい』と言い出すことへの反発心とか、夫に『できるはずがない』と、どうしても冷静に話し合えない気持ちにもなってしまって……」

弁護士「それは素直な気持ちだと思います。子供さんももう中学生で、ある程度自分で自分の将来や自分の生活のことを考えられる年齢ですからね」

ゼル子「子供に決めさせるということですか？」

弁護士「今の年齢だと子供さんに決めさせるのは、子供さんの負担になりすぎると思います。ただ、もしゼル子さんと夫さんがこのまま親権者をどうするかでモメて家庭裁判所の調停になったら、家庭裁判所の専門職である調査官が、どちらが親権者にふさわしいか、息子さんとの面談もした上での意見を出します」

ゼル子「調査官？」

弁護士「はい。親権者をどちらにするかなど、法律だけで割り切れない問題について、家庭裁判所は児童心理などの専門的知識のある調査官という専門職員に調査をさせ、最終的な判断をします」

ゼル子「そうなると息子が調査官に面談で何を話すか、それが大切なのですか？」

弁護士「子供さんとの面談だけでは決めません。調査官はそれに先だって、両親双方とも面談をしますし、家庭訪問などで生活環境も確認します。そして子供さんが言葉として、『こうしたい』と言ったとしても、子供さんの言う通りのことが、子供さんにとって本当に良い結果なのか、いろんな事情を踏まえて総合的な意見をまとめます」

ゼル子「それは今、中学生だからですか?」

弁護士「そうですね。子供さんがもっと小さければ、逆に子供さんが面談で何か言ったとしても、そんなことより両親それぞれの事情が重要になりますし、また子供さんが高校生くらいにもなれば、子供さんが『こうしたい』『こっちがいい』と、言葉で言うことの重みは増します」

ゼル子「正直、私、そこは自信が少しないです」

弁護士「子供さんのことですか?」

ゼル子「はい。私は、自分の息子との関わりが悪かったとは思わないですし、息子が今、一緒にいても、小さいときのようにキャッキャとはしゃがないのも年頃の男の子だし、と思います」

弁護士「男の子とお母さんですもんね」

ゼル子「でも、夫と息子がふたりでどんな様子で過ごしているか知らない分、夫は私なんかよりもずっと息子とガッチリ結びついているのではないかと不安になります。端的な話、息子が『父さんのほうがいい』と言わないか、それが不安です。息子は私を選んでくれるという自信を持てなくて」

弁護士「だから、そんな割り切った形で決めると考えるのが、お互い良くないんです。親権者があっちだから、もう全部があっち、みたいに考えてしまうから、子供さんを『取る』か『捨てる』かみたいなイメージになるんですよ」

ゼル子「でも……」

弁護士「最初に言ったように、親権者をどちらにするか、ということだけを抽象的に話し合うのではなく、子供さんの将来のことをふたりで考えて、どういう風にそれぞれ役割を果たすのか、細かいことを積み重ねた上で、最後に『それなら親権者はこっち』となるように話し合ってみてください」

弁護士からは、「子供さんにどっちがいいとか聞くことは厳禁ですよ。間違っても、お父さんの悪口を言うとかもしてはいけません」ということを強く言われた。理屈として、それはとてもよくわかる。でもゼル子には、不安が先に立つ。

ついつい平日の夕食を息子が好きなハンバーグやステーキにしてしまったり、誕生日でもないのに息子が好きなゲームを買ってしまったり、漫画ばかり読んでいてもこれまでのように注意できなかったり、いちいち息子の歓心を買うようなことをしてしまう。ゼル子はこんな自分のうろたえっぷりを本当に情けないと思う。

今までの長い暮らしの結果として、親権者をどちらにするか決めるだけのことなのに。それはわかっているのに、弁護士に相談してからゼル子の気が気ではない日々が続いた。

沖縄旅行のとき、夫からは返事の期限を言われはしなかった。ただいつまでも先延ばしにして、家庭裁判所に調停を起こされるのでは……と考えると、どこかで返事をしなければならない。

そもそも子供が成人するまでは離婚しないでおこうと言ったのは夫じゃないか。息子が中学生になり、ますます「男同士」で気が合うようになったのだろうか。男ふたりで気兼ねなく暮らしたいと思ったのだろうか。息子は、沖縄旅行から帰ってきても、今までと様子は変わらない。夏休みは沖縄旅行をした以外は、部活の合宿や、あとは学校の友達と、好きに過ごしていたようだ。息子は夫に何か言われたのか、いや、むしろ息子から夫に、「一緒に暮らしたいから」と言ったのだろうか。

そうこうしていると息子の夏休みも終わり、2学期になった。10月には、中学校の文化祭があるらしい。中学校なので文化祭といっても大がかりなものではなく、平日にクラスごとの発表がある程度だ。ゼル子は息子に、「文化祭は行ったほうがいいの？」と聞いてみた。

息子はゼル子がそう聞いたことに少しビックリした顔をして、「来ないつもりだったの？」と言った。「いやいや、ほら中学生だし、母親が来たら嫌とかあるのかなと思って」とゼル子が言うと、「僕は来てくれると思って、せっかく台詞のある役に自分で手を挙げたのに」と息子は言った。

息子のクラスは演劇発表で、主役ではないが少し重要な、長い台詞のある役を演じるらしい。

「じゃあ、一眼レフ持って行くわ」とゼル子が言うと、息子は「中学生なんてまだ子供なんだから、母さんに見てもらいたいとか思うの普通だよ」と自分から「まだ子供」と言った。

「でも、高校生とかになったら、来るなって言うんでしょ？」。ゼル子は、下心とか探りとかではなく、何となく将来のことを聞いてしまった。言葉にしてから「あ、しまった」と思った。

息子がいつものように生返事だといいなと思ったが、違った。

息子は少しだけ考えて、「高校生になっても母さんと一緒に住んでいるだろうから、来てくれたらいいなと思うよ。高校の文化祭は普通は土日らしいから、父さんが来ることになるの？」と言った。

ゼル子は息を呑んだ。あぁ、そうか、息子は息子なりに、土日は父親と、平日は母親と、という、親同士が決めた「決まり事」を律儀に守ろうとしているのだ。ゼル子は、息子なりにあれこれ考えているのだと知った。

ゼル子は夫とあらためて離婚について話し合うことにした。息子が小学4年生のとき、ゼル子の不倫によって家の中が殺伐としたこと、夫の職場にも迷惑をかけたこと、お金もかかったこと、あらためて悪かったと伝えた。

それをちゃんと伝え、「引け目」がない状態で息子の親権について話をした。

夫が親権をほしいと言った理由は、意外なことだった。夏休みに沖縄旅行にふたりで行くことを息子に提案したら、夏休みは平日になるから、「母さんと一緒でなければ約束違反になるのではないか？」と息子に言われたかららしい。そんなに約束にがんじがらめになるのなら、離婚をして自分が親権者になれば、自分が主導権を握ることができると思ったのだという。

ゼル子は、弁護士から言われた親権の中身について夫に話し、息子にとってどういう形がいいのか、しばらく一緒に考えることにした。ゼル子も夫も言葉にはしなかったが、「元の鞘に収まる」ということは、もはや選択肢としてなかった。

結論としては、息子が中学2年生になるときに、ゼル子を親権者とする離婚届を出し協議離婚した。息子はこれまで通りゼル子と暮らすが、週末は息子が泊まりたければ父親の家に泊まる、ということがゼル子と夫の約束となり、ゼル子からそのことを息子に伝えた。

息子にはスマホを持たせて、息子と元夫は直接ＬＩＮＥで連絡できるようにした。ゼル子は息子に、平日でも元夫と会いたいとか用事や頼み事があるなら会ってもいいと言った。そのときゼル子はついつい、「とはいえ月に1回くらいは父さんの家に、用はなくても泊まってあげるようにして」と約束外のことを言ってしまった。

ゼル子は、離婚して自分だけが親権者となったことで少し安心できた。息子を取り合うのではなく、息子が気を遣うことなく行き来できればと思った。離婚届を出す前、念のため弁護士のところに行って、夫との約束事を書面化したいと伝えたら、「本当に優等生の離婚ですね」と大笑いされた。

「離婚届を書いて出すのは一瞬なんですが、その一瞬で、全部のことを決めるなんて無理ですよね。ゼル子さんの不倫のあと、しっかり3年以上も離婚のための準備体操と練習をしたから良かったんですよ」というのが弁護士からの言葉だった。

おわりに

19人の女性の離婚にまつわる物語、いかがでしたか。

離婚に向き合う女性たちの葛藤や感情が伝われば幸いです。

僕が弁護士として出会う実際の案件はもっと複雑です。

そもそも、この本の女性たちのように、最初から自分の感情をうまく言葉で説明できる人なんてまずいません。

多くの人が時間をかけて離婚と向き合い、その中でやっと、少しずつ自分の感情を言葉で説明できるようになっていきます。


ただ僕がいつも思うのは、自分は何をしたかったのか、自分はなぜ夫のことを嫌だと思うようになったのか、自分がこの先の人生に求めているのは何なのか、何が整っていることを自分は幸せだと思っているのか、といった具合に自分のことを分析するのが上手な人のほうが、離婚の暗闇から早く抜け出せるということです。

自分のことを言葉でうまく説明できる人のほうが、離婚のあとの「なりたい自分」をしっかりイメージできているとも言えます。

たしかに結婚には失敗したけれど、そして結婚がダメになった原因と責任は夫にあるけれど、もともと結婚すると決めたことについての自分の責任をちゃんと引き受けられる人は、上手に離婚するという印象です。

さて単行本化にあたり「よみタイ」の連載にはなかった物語をふたつ書き足しました。

ひとつは２０２０年の春から、今このときまでずっと続いている新型コロナウイルスの感染拡大による日常生活への大きな制限と社会の変化を題材にした物語。

社会が大きく変化しても、一度決めた人の気持ちは簡単には変わるものではないということを書きました。

もうひとつは法律上の同性婚がない女性同士の結婚。

僕自身も同性愛者でちょうど10年前に同性のパートナーと結婚式を挙げました。

僕はこの物語のカップルとは違い、ずっとふたり仲良く暮らしており、パートナーも弁護士なので仕事も一緒にしています。

とはいえ、法律上の同性婚がない同性カップルの結婚生活は、お互いが「結婚している」と思っていることだけがその支えです

この物語のように、どちらかが相手を裏切ったり、そうでなくてもどちらかに不測の事態が起こったりしたら、守ってくれる法律や制度がないので、傷つけられたり失ったりした側は、ずっと取り残されたままになってしまいます。

「離婚」に悩むことができるのは、ふたりの関係をしっかり守ってくれる結婚制度があることの裏返しなのだということを知ってもらいたくて書いた物語です。

作者としてあらためて物語を読み返すと、19の物語すべてにそれぞれその後は幸せになれたかな、幸せでいてほしいなと、そういう気持ちです。

僕に連載の機会をくださり、そして僕の書きたいように自由に書かせてくださった集英社の今野さんにあらためて感謝の気持ちでいっぱいです。

また「離婚さんいらっしゃい」というタイトルを提案してくれた松竹芸能の奥元さん、単行本化にあたって、カバーのイラストを描いてくださった上田さん、書籍編集に携わってくださった松岡さん、デザインしてくださった柿沼さん、ありがとうございました。

そして連載が更新される都度、寝室で僕の隣でスマホを開いて読んでは「おもしろい。おもしろい」と感想を言ってくれた最愛のパートナーのパンダ吉田さん、本当にいつもありがとう。

2021年　初夏の大阪で

南和行

初出
集英社ノンフィクション編集部公式サイト「よみタイ」
（「離婚さんいらっしゃい」2018年10月〜2020年4月）

単行本化にあたり、改題し加筆修正しました。
なお、書き下ろしのケース16、ケース18を含め、
本書の事例は、すべて創作によるものです。

装丁　本文レイアウト　柿沼みさと
装画　上田惣子
校正　鷗来堂
編集協力　松岡理恵
協力　松竹芸能株式会社

南 和行　みなみ・かずゆき

1976年大阪府生まれ。京都大学農学部、同大学院修士課程卒業後、大阪市立大学法科大学院にて法律を学ぶ。2009年弁護士登録（大阪弁護士会、現在まで）。2011年に同性パートナーの弁護士・吉田昌史と結婚式を挙げ、13年に二人で弁護士事務所「なんもり法律事務所」を大阪・南森町に立ち上げる。一般の民事事件のほか、離婚・男女問題や無戸籍問題など家事事件を多く取り扱う。著書に『同性婚―私たち弁護士夫夫です』（祥伝社新書）、『僕たちのカラフルな毎日―弁護士夫夫の波瀾万丈奮闘記』（産業編集センター）がある。

大阪の下町で法律事務所を営む弁護士の男性カップルを追った、本人とパートナー出演のドキュメンタリー映画『愛と法』（監督：戸田ひかる）は、2017年の第30回東京国際映画祭の日本映画スプラッシュ部門で作品賞を受賞し、2018年全国上映で好評を博す。タレント弁護士として、テレビ番組へのコメンテーター出演やドラマ・映画の監修なども手掛ける。

- なんもり法律事務所
  https://www.nanmori-law.jp/
- 南 和行のTwitter
  https://twitter.com/minami_kazuyuki
- 南 和行のInstagram
  minami_kazuyuki

夫婦をやめたい
離婚する妻、離婚はしない妻

2021年6月30日　第1刷発行

著　者　南 和行
発行者　樋口尚也
発行所　株式会社集英社
〒101-8050
東京都千代田区一ツ橋2-5-10
電　話　編集部 03-3230-6143
読者係 03-3230-6080
販売部 03-3230-6393（書店専用）
印刷所　大日本印刷株式会社
製本所　ナショナル製本協同組合

ISBN978-4-08-788060-1 C0095